d'Allemagne (RFA)
Roumanie
Saint-Marin (S)
Suède
Suisse (CH)
Tchécoslovaquie (Tchéco)
Union soviétique
Vatican (V)
Yougoslavie (Yougosl)

ASIE/EXTRÊME-ORIENT

Afghanistan (Afgh)
Arabie saoudite
Bhoutan
Birmanie
Ceylan
Corée du Nord
Corée du Sud
Inde
Indonésie
Iran
Iraq
Israël (Isr)
Japon
Jordanie (Jor)
Liban (Lib)
Népal
Oman
Pakistan
Philippines
République de Chine (Taiwan)
République populaire de Chine
République populaire de Mongolie
Syrie
Thaïlande
Turquie
Yémen

AUSTRALIE/OCÉANIE

Australie
Nouvelle-Zélande

AFRIQUE

Égypte
Éthiopie
Liberia
Union sudafricaine

L'Histoire du XXe siècle

1950-1959

Introduction de
Jacques Duquesne

France Loisirs
123, boulevard de Grenelle, Paris

Adaptation française

Coordination éditoriale :
Atelier Lauriot Prévost
Traduction :
Charles Chauvin et Marie-Paule Zierski
Auteur :
Denis Desforges

Consultants historiques :
Marianne Amar et Catherine Brice
Révision et Relecture :
Danièle Tucat et Marie-Odile Mauchamp
Mise en page :
Atelier Lauriot Prévost

Auteurs

Martin Bach, Dr Peter Bayerlein, Brigitte Beier, Martina Boden, Julius Bohus, Dr Barbara Borngässer, Dr Nina Börnsen-Holtmann, Brigitte Briese, Ekkehard Briese, Jochen Dilling, Dr Mir A. Ferdowsi, Thomas Huhnold, Gabriele Intemann, Britta Kruse, Dr Ulrike Leuschner, Dr Christiane Mateika, Dr Christoph Merschhemke, Dr Richard Miklin, Hans-Otto Neubauer, Michael Neumann-Adrian, Pr Peter J. Opitz, Dr Roland Peter, Andreas Schieberle, Andreas Schmid, Anke Stahl, Dr Manfred Vasold, Hilke Wiegers, Dr Michael Zapatka.

ISBN : 2-7441-0466-3
N° éditeur : 29179

Dépôt légal : mars 1999

Sommaire

Avant-Propos

Avec l'édition de *L'Histoire du XXe siècle*, France Loisirs présente un panorama multimédia complet de l'histoire mondiale du XXe siècle. La quantité et la qualité des documents écrits, des films et des photographies font de cet ouvrage, qui paraît en même temps dans le monde entier, un des projets les plus ambitieux de ce siècle.

L'Histoire du XXe siècle est organisée de façon chronologique, et couvre dix décennies. Chaque volume contient une cassette vidéo de 60 minutes ainsi qu'un livre d'accompagnement de 152 pages. De dimension encyclopédique, cet ouvrage, mariant bandes vidéo et livres d'accompagnement, fournit un maximum d'informations intéressantes et fiables sur l'histoire de notre siècle.

De nombreuses séquences figurant sur la bande vidéo donnent lieu à une double page dans le livre d'accompagnement. Les informations contenues dans le livre et dans la bande vidéo ne sont pas identiques mais complémentaires. Les commentaires de la bande vidéo sont approfondis et complétés par les textes des livres d'accompagnement, tous rédigés par des spécialistes. Un collège de scientifiques renommés se porte garant des informations présentées.

Le support vidéo est réalisé à partir des principales archives mondiales. Grâce à l'ouverture récente des archives de l'Europe de l'Est, il est pour la première fois possible d'utiliser des documents qui n'ont pas été publiés jusqu'à ce jour. En dehors des recherches mises en œuvre pour les films, il convient de saluer le travail des équipes techniques dans le traitement des documents. À l'aide des procédés électroniques les plus modernes, les films originaux vieux de plusieurs dizaines d'années, souvent mal conservés, ont été si bien restaurés qu'ils satisfont aujourd'hui les plus difficiles, tout en portant la garantie de leur authenticité. Une sauvegarde électronique assure l'exclusivité du produit.

Le design vidéo multimédia, spécialement conçu à cette fin, répond à une répartition claire des informations, classées de façon chronologique. Les « points forts » suivent donc cet ordre : images, graphiques animés et courtes séquences filmées sur les événements importants de la décennie, commentés par des narrateurs de renom. Les événements exceptionnels et les évolutions de chaque décennie ont leur propre film. Pour ce qui concerne la science et la technique, l'art et la culture, le cinéma, la littérature, la vie et les jeux Olympiques, des blocs thématiques résument le déroulement de chaque décennie. À la fin de chaque bande vidéo, la rubrique « Repères » donne un aperçu des événements dignes d'intérêt, sérieux ou drôles, qui se sont produits au cours de la décennie. Tous les domaines sont caractérisés par un symbole particulier. Les graphiques réalisés sur ordinateurs et les animations vidéo en 3 D apparaissent dans la bande vidéo chaque fois que cela s'avère possible et nécessaire, afin d'alléger et de clarifier les informations, et de les traiter de façon la plus intéressante possible.

Les dix livres d'accompagnement sont un complément des bandes vidéo. Ils sont caractérisés par une construction claire. Au début de chaque volume, on trouve une double page d'introduction qui offre un aperçu de l'évolution de la décennie en question. L'auteur de ces introductions est un journaliste de renom. La première page de garde offre une carte du monde montrant tous les États et leurs frontières au début de la décennie. Une seconde carte, située à la fin du volume, fait état du changement des frontières au cours de l'époque présentée.

Dix chroniques, une pour chaque année de la décennie, présentent les événements les plus importants de l'année en politique, science et technique, culture et sport.

La partie principale des différents thèmes est traitée sur des doubles pages composées d'une photographie en grand format, de texte et d'une approche chronologique illustrée. Chaque double page présente un article sur l'un des grands thèmes de la décennie. En ce qui concerne les illustrations grand format, il s'agit des plus célèbres et des plus émouvantes « photos de ce siècle ». Sur chaque double page, le tableau donne un aperçu des différentes étapes d'une évolution. Les tableaux apparaissent également sur la bande vidéo, lorsque plusieurs rubriques sont rattachées à un thème. Ils constituent souvent une autre transition entre le livre et la cassette.

À la fin du livre d'accompagnement, un index vidéo indique les séquences ainsi que leurs *time code*. Le lecteur peut ainsi rapidement s'informer du contenu et du déroulement de la bande vidéo. N'importe quel article du volume peut être ainsi trouvé. Un **T** renvoie aux textes figurant dans les ouvrages.

Grâce au mariage de la vidéo et du livre, cet ouvrage offre une image vivante et fiable du XXe siècle. Grâce au traitement multimédia de l'information et grâce à sa parfaite transposition électronique, *L'Histoire du XXe siècle* ouvre la porte du XXIe siècle.

L'éditeur

La guerre froide s'installe, mais le monde entre dans la modernité

« La guerre n'est pas inévitable. » Si elle n'est pas inévitable, c'est qu'elle est possible, voire probable, concluent nombre de Français qui trouvent cette phrase dans leurs journaux, le 6 décembre 1950. Car celui qui a prononcé ces graves paroles n'est pas le premier venu : c'est le président du Conseil René Pleven.

La précédente guerre mondiale à peine achevée, va-t-on recommencer ? L'Europe n'est pas reconstruite. L'Allemagne, occupée par les Alliés, n'a pas retrouvé son rang d'État et restera divisée. Toutes les plaies ne sont pas refermées. Tous les crimes ne sont pas recensés. Et il faudrait de nouveau courir à la mort, en risquant cette fois le feu nucléaire ?

Journaliste, écrivain, Jacques Duquesne est un témoin privilégié de notre siècle. Ayant travaillé successivement à *La Croix*, à *L'Express*, au *Point*, entre autres, il a pu observer l'évolution de notre société à la lumière de son histoire, *L'Histoire du XXe siècle*.

C'est qu'entre l'Est et l'Ouest, décidément, rien ne va plus. En Chine, Mao installe son pouvoir. Et il s'offre le luxe d'intervenir en Corée où les troupes américaines, du coup, battent en retraite. C'est presque la déroute. Leur chef, le général Omar Bradley, envisagera bientôt leur évacuation. En Europe, le rideau de fer est plus étanche que jamais. Staline meurt en 1953 et Nikita Khrouchtchev lui succède, qui dénoncera ses « crimes » en 1956. Mais la politique soviétique ne changera pas pour autant. On se révolte dans cet empire rouge : à Berlin, en Pologne, en Hongrie. Mais chaque révolte est écrasée. L'Occident ne bouge pas. C'est la guerre froide. Les positions sont gelées.

L'Europe occidentale (qui commence à s'unifier pourtant : en mai 1950, Robert Schuman propose la constitution d'un *pool* du charbon et de l'acier) n'a pas les moyens d'agir. La France et l'Angleterre s'en apercevront en 1956 quand, intervenant au Moyen-Orient dans l'affaire de Suez, elles seront rappelées à l'ordre à la fois par les Américains et les Soviétiques. La France bataille toujours pour garder son rang de puissance mondiale, préserver ses anciennes positions coloniales en Indochine, puis en Algérie. En vain. Les remous provoqués par la guerre d'Algérie entraîneront même la chute de la IVe République et, sous l'impulsion du général de Gaulle, la naissance d'un nouveau régime.

La guerre froide, en dépit des tensions qu'elle provoque, n'arrête pas le mouvement du monde. La vie continue. Elle paraît même de plus en plus belle. Les Français disposent de vacances plus longues, de voitures plus nombreuses, de meilleures conditions de travail et découvrent, par millions, la télévision. La vie culturelle, artistique, les variétés, retrouvent le brillant de toutes les après-guerres. De nouvelles étoiles surgissent qui se nomment Georges Brassens, Françoise Sagan, Marguerite Duras, Fellini, Maria Callas ; et aux États-Unis la star des stars, Marylin Monroe, épouse l'écrivain Arthur Miller ; en France, le film de François Truffaut, *Les Quatre Cents Coups*, marque les débuts de la Nouvelle Vague.

La science n'est pas en reste. Au cours de cette décennie, chaque année est marquée d'un progrès dans la conception et la réalisation des ordinateurs. Des avions à réaction changent les conditions du transport aérien. En 1957, le premier satellite, dénommé *Spoutnik*, est lancé par les Soviétiques, et deux ans plus tard, la sonde *Lunik 2* ira planter sur la Lune leur drapeau rouge marqué de la faucille et du marteau. C'est un rude coup pour le moral des Occidentaux, mais c'est une étape capitale dans l'histoire de l'humanité : voilà qu'elle échappe à la Terre ! À Rome, un vieil homme, Angelo Roncalli, devient alors pape, prend le nom de Jean XXIII et décide que l'Église doit se mettre à l'heure du siècle. La seconde moitié de celui-ci, décidément, s'ouvre sous le signe de la modernité.

Jacques Duquesne

Le pont de Tancarville

Chroniques 1950

Politique

6.1. Grande-Bretagne : le gouvernement de Londres se déclare prêt à établir des relations diplomatiques avec la République populaire de Chine.

1.3. Grande-Bretagne : le spécialiste de physique nucléaire Klaus Fuchs est condamné à 14 ans de prison pour avoir livré des secrets militaires atomiques à l'URSS.

1.3. Chine : Tchang Kai-chek proclame à Taïwan la République de Chine.

8.3. États-Unis : le sénateur américain Joseph McCarthy accuse 80 membres du ministère des Affaires étrangères d'être des sympathisants du régime soviétique.

9.5. France : le ministre des Affaires étrangères Robert Schuman présente le projet d'une Union européenne du charbon et de l'acier.

25.6 Corée : la marche des troupes de Corée du Nord vers le sud déclenche la guerre de Corée.

Le roi Léopold III de Belgique

31.7. Belgique : le roi Léopold III, soupçonné d'avoir joué un rôle trouble pendant la Seconde Guerre mondiale, se retire des affaires de l'État. Le prince héritier Baudouin prend la régence le 11.8.

24.10. Tibet : les Chinois envahissent le Tibet et y établissent leur domination.

Science et technique

31.1. États-Unis : le président Harry S. Truman charge les autorités scientifiques de mettre au point une bombe à hydrogène.

22.2. États-Unis : à New York, on lance des morceaux de glace dans les nuages pour mettre fin à la sécheresse.

19.3. Suisse : pour la première fois après la Seconde Guerre mondiale, des sociétés de l'Allemagne de l'Est sont présentes au 20e Salon de l'automobile à Genève.

10.6. France : deux techniciens de la Radiodiffusion française, MM. Bernhart et Garreit, mettent au point le procédé de restitution sonore stéréophonique.

10.8. États-Unis : la Commission pour l'énergie atomique publie un manuel de mesures de protection en cas d'attaque nucléaire.

27.8. Allemagne de l'Ouest : présentation du premier récepteur radiophonique à modulation de fréquence lors d'une exposition à Düsseldorf.

5.10. Allemagne de l'Ouest : la société Max Planck tient sa première assemblée générale à Cologne.

Tadeusz Reichstein

10.12. Suède : le prix Nobel de médecine est décerné aux scientifiques américains Edward Kendall et Philip Hench, ainsi qu'au Suisse Tadeusz Reichstein pour avoir isolé la cortisone.

Culture

2.2. États-Unis : le film de Carol Reed *Le Troisième Homme*, avec Orson Welles, sort sur les écrans.

11.5. France : à Paris a lieu la première de *La Cantatrice chauve* d'Eugène Ionesco, chef-d'œuvre du théâtre de l'absurde.

17.6. Allemagne de l'Ouest : Rowohlt est le premier éditeur allemand à imprimer des romans sur rotative.

2.7. Japon : un incendie détruit le Pavillon d'or, un des plus célèbres monuments de la ville impériale de Kyoto.

25.8. États-Unis : *Rashomon* apporte le succès international au réalisateur japonais Akira Kurosawa.

29.8. Italie : *La Ronde*, du Français Max Ophuls, violemment critiqué et jugé immoral, fait l'ouverture de la biennale de Venise.

7.9. Allemagne de l'Est : à Berlin-Est, on entame des travaux de restauration au château de l'ancienne résidence des Hohenzollern.

23.9. France : publication du troisième livre de Marguerite Duras, *Un barrage contre le Pacifique*, qui décrit un aspect peu connu de la vie coloniale.

10.12. Suède : le prix Nobel de littérature est attribué au philosophe et mathématicien Bertrand Russell pour ses traités de vulgarisation scientifique.

Bertrand Russell

Sport

9.2. France : à Paris, le boxeur poids plume américain Percy Bassett abat le Français Ray Famechon dès la 3e reprise. Sauvé par le gong, celui-ci ne peut reprendre le combat.

18.2. États-Unis : lors des championnats du monde de ski à Aspen (Colorado), l'Italien Zeno Colo triomphe en slalom géant et en descente.

8.3. Grande-Bretagne : pour la troisième fois consécutive, Dick Button (États-Unis) remporte à Londres le championnat de patinage artistique.

Dick Button

3.6. Inde : les Français Maurice Herzog, Louis Lachenal et Lionel Terray effectuent la première ascension d'un sommet de plus de 8 000 m, l'Annapurna (8 078 m).

13.6. Italie : le coureur cycliste professionnel suisse Hugo Koblet est le premier étranger à remporter le Tour d'Italie.

8.7. Grande-Bretagne : les Américains Budge Patty et Louise Brough remportent le tournoi de Wimbledon en simple messieurs et simple dames.

7.8. France : Ferdinand Kübler est le premier cycliste suisse à remporter le Tour de France.

3.9. Italie : Giuseppe Farina remporte le titre de champion du monde en sport automobile.

Politique

7.3. Iran : un musulman fanatique assassine le Pemier ministre Ali Razmara à Téhéran.
5.4. États-Unis : bien que clamant leur innocence, Julius et Ethel Rosenberg sont tous deux condamnés à mort pour espionnage.
11.4. États-Unis : le président Harry Truman démet le général Douglas MacArthur de ses fonctions de commandant en chef des forces des Nations unies en Corée.
18.4. France : avec la signature par le Benelux, la France, l'Italie et l'Allemagne de l'Ouest de l'accord charbon-acier, le processus d'unification européenne est lancé.
13.6. Allemagne de l'Ouest : à Francfort-sur-le-Main se déroule le congrès de fondation de l'Internationale socialiste.
1.9. Allemagne de l'Ouest : la République fédérale adhère au GATT (accord général d'union douanière et commerciale).
1.9. États-Unis : l'Australie, la Nouvelle-Zélande et les États-Unis concluent à San Francisco un pacte de sécurité, l'ANZUS.

Winston Churchill

25.10. Grande-Bretagne : après la victoire des conservateurs à la Chambre des communes, Winston Churchill devient le chef du gouvernement.
24.12. Libye : le roi Idris Ier proclame l'indépendance du pays.

Science et technique

27.7. États-Unis : Columbia Broadcasting System (CBS) diffuse la première émission de télévision en couleurs.
1.8. États-Unis : avec un Douglas Sky-Rocket, un pilote américain atteint deux fois la vitesse du son.
1.11. États-Unis : dans le désert du Nevada, les États-Unis testent l'intervention de soldats sur un champ de bataille nucléaire. Beaucoup des 5 000 participants à l'exercice sont bien plus sévèrement irradiés que ne le prétend la version officielle.
10.11. Ouganda : ouverture du plus grand aéroport d'Afrique, à Entebbe.
24.11. France : la *Calypso*, navire océanographique du commandant Cousteau, part en mer Rouge pour sa première mission.
5.12. Allemagne de l'Ouest : dans un but pédagogique, une opération de l'appendicite est retransmise en direct dans trois salles de cours de l'hôpital Eppendorfer à Hambourg.
10.12. Suède : l'Américain Max Theiler obtient le prix Nobel de médecine pour la découverte du virus de la fièvre jaune et la mise au point du vaccin correspondant.

Max Theiler

20.12. États-Unis : à Arco Valley, le réacteur EBR est mis en service. Il est le premier réacteur au monde à produire de l'électricité.

Culture

7.6. France : lors de la première représentation de la pièce de Jean-Paul Sartre, *Le Diable et le Bon Dieu*, une vive polémique est déclenchée, ce qui relance le débat sur l'existentialisme.
30.7. Allemagne de l'Ouest : lors du festival de Bayreuth, Wieland Wagner, petit-fils de Richard Wagner, propose une nouvelle mise en scène de *Parsifal* qui réunit tous les suffrages.
19.9. États-Unis : Marlon Brando devient célèbre grâce au film d'Elia Kazan, *Un tramway nommé Désir*.
4.10. États-Unis : *Un Américain à Paris*, de Vincente Minnelli, devient une des comédies musicales les plus populaires de l'histoire du cinéma.
1.12. Grande-Bretagne : à Londres, l'opéra *Billy Budd*, de Benjamin Britten, enthousiasme les spectateurs.
4.12. France : Julien Gracq obtient le prix Goncourt, et le refuse.

Pär Lagerkvist

10.12. Suède : l'écrivain suédois Pär Lagerkvist obtient le prix Nobel de littérature.
24.12. Grande-Bretagne : la NBC diffuse *Amahl et les visiteurs du soir* de Gian Carlo Menotti, le premier opéra produit exclusivement pour la télévision.

Sport

14.2. États-Unis : à Chicago, le boxeur Ray « Sugar » Robinson remporte la victoire face au tenant du titre, son compatriote Jack La Motta, lors du championnat du monde des poids moyens.

Ray « Sugar » Robinson

2.3. Allemagne de l'Ouest : depuis le tremplin d'Oberstdorf, le Finlandais Tauno Luiro établit un nouveau record du monde en saut à ski, à 139 m.
14.5. Union soviétique : un score de 12 à 12 suffit au Russe Mikhaïl Botwinnik pour lui assurer la victoire face à son compatriote David Bronstein, et rester champion du monde d'échecs.
7.7. Grande-Bretagne : les deux Américains Doris Hart et Richard Savitt remportent le tournoi de tennis de Wimbledon.
18.7. États-Unis : « Jersey » Joe Walcott détrône à Pittsburgh Ezzard Charles, et devient champion du monde de boxe en catégorie poids lourds.
29.7. France : le Suisse Hugo Koblet remporte le Tour de France haut la main.
29.9. Tchécoslovaquie : Emil Zátopek est le premier à courir plus de 20 km en une heure.
28.12. Australie : avec un score de 3 à 2, l'Australie remporte la finale de la coupe Davis face aux États-Unis, et triomphe pour la neuvième fois dans cette compétition.

Chroniques 1952

Politique

26.5. Allemagne de l'Ouest : les Alliés occidentaux (France, Grande-Bretagne, États-Unis) concluent avec la République fédérale les accords de Bonn, qui mettent fin au statut d'occupation.
27.5. Europe : les États du Benelux, la République fédérale d'Allemagne, la France et l'Italie signent le traité de la CED pour une défense commune.
11.7. Corée du Nord : au cours de négociations visant à instaurer un cessez-le-feu, les avions américains bombardent des cibles en Corée du Nord, afin de forcer le pays à des compromis.
4.11. États-Unis : le républicain Dwight Eisenhower remporte les élections présidentielles à une écrasante majorité.

Dwight Eisenhower

18.11. Grande-Bretagne/Kenya : Jomo Kenyatta est emprisonné pour avoir soutenu le mouvement des Mau-Mau.
3.12. Tchécoslovaquie : à Prague, onze anciens membres du PC sont condamnés à mort et exécutés. Parmi eux se trouve l'ancien secrétaire général Rudolf Slánsky.
9.12. France : à Paris, l'OTAN se met d'accord sur le principe des « représailles massives », prévoyant le lancement de la bombe atomique en réponse à une attaque ennemie.

Science et technique

2.5. Grande-Bretagne : la compagnie d'aviation civile britannique Overseas Airways est la première à mettre en service un avion à réaction, le Comet 1.
7.7. États-Unis : en traversant l'Atlantique en 82 heures, le paquebot *United States* remporte le Ruban bleu.
27.7. Union soviétique : ouverture du canal Don-Volga qui relie la mer Caspienne à la mer Noire et à la mer d'Azov.
27.8. Grande-Bretagne : première du vidéotéléphone lors de l'exposition internationale sur la radiophonie et la télévision.
19.9. Danemark : à Thulé, au Groenland, les États-Unis présentent au public le plus grand et le plus moderne aéroport du monde, qui est avant tout une base militaire.
1.11. États-Unis : sur l'atoll d'Eniwetok, les États-Unis lancent la bombe à hydrogène mise au point par Edward Teller.
10.12. Suède : le prix Nobel de médecine est attribué à Selman Waksman (États-Unis), pour la découverte du premier antibiotique contre la tuberculose.
25.12 La Barbade : arrivée d'Alain Bombard après une traversée de l'Atlantique sur un canot pneumatique en 64 jours, entreprise pour démontrer les capacités de survie des naufragés.

Alain Bombard

Culture

20.2. États-Unis : sortie du film *African Queen* avec Humphrey Bogart et Katharine Hepburn.
27.3. États-Unis : *Chantons sous la pluie* de Stanley Donen et Gene Kelly atteint la perfection dans le genre de la comédie musicale.

Gene Kelly

1.4. Rome : le pape Pie XII dénonce les danses modernes, accusées de favoriser un comportement impie.
6.4. France : débuts du chanteur Georges Brassens chez Patachou, un cabaret de Montmartre.
20.4. France : sortie du film de Jacques Becker, *Casque d'or*, avec Simone Signoret et Serge Reggiani.
24.7. États-Unis : sortie du grand classique du western, *Le train sifflera trois fois*, réalisé par Fred Zinnemann, avec Gary Cooper et Grace Kelly.
14.8. Autriche : dans le cadre du festival de Salzbourg, l'opéra de Richard Strauss, *L'Amour de Danaé*, est joué pour la première fois.
18.9. États-Unis : fuyant le maccarthysme, Charlie Chaplin s'installe en Suisse.
1.12. Suisse : à Zurich, on assiste à la première de la pièce *Huis-clos* de Jean-Paul Sartre, écrite en 1944.
9.12. France : Jean Dutourd reçoit le prix Interallié pour son roman *Au bon beurre*.

Sport

10.2. Inde : lors des championnats du monde de tennis de table à Bombay, les Japonais remportent quatre titres.
14.2. Norvège : VIe jeux Olympiques d'hiver à Oslo.
8.6. Italie : Fausto Coppi remporte pour la quatrième fois le Tour d'Italie (Giro).
4.7. Grande-Bretagne : l'Australien Frank Sedgman et l'Américaine Maureen Connolly remportent le tournoi de tennis de Wimbledon.

Maureen Connolly

19.7. Finlande : ouverture à Helsinki des XVe jeux Olympiques d'été. La véritable star est le Tchécoslovaque Emil Zátopek, qui gagne le marathon, le 5 000 m et le 10 000 m.
20.7. France : l'Italien Fausto Coppi remporte le Tour de France.
30.7. Finlande : le nageur Français Jean Boiteux remporte le 400 m en 4 mn et 30,7 s.
3.8. Allemagne de l'Ouest : avec sa victoire au Grand Prix d'Allemagne, l'Italien Alberto Ascari devient champion du monde de Formule 1.
3.8. Finlande : Pierre Jonquères d'Oriola et son cheval Ali-Baba remportent la médaille d'or au saut d'obstacles.
23.9. États-Unis : Rocky Marciano détrône « Jersey » Joe Walcott et devient champion du monde de boxe toutes catégories.

Politique

5.3. Union soviétique : Joseph Staline meurt à Moscou des suites d'une hémorragie cérébrale.
6.5. États-Unis : le ministre des Affaires étrangères Foster Dulles formule la théorie des dominos, selon laquelle une victoire des communistes en Indochine déclencherait une réaction en chaîne dans toute l'Asie.
2.6. Grande-Bretagne : dans l'abbaye de Westminster, l'archevêque de Canterbury couronne Élisabeth II.
17.6. Allemagne de l'Est : à Berlin-Est, une grève des ouvriers du bâtiment se transforme en une insurrection réprimée par les troupes soviétiques.
27.7. Corée : à Panmunjon, la signature d'un cessez-le-feu avec les États-Unis met fin à trois années de guerre.
13.9. Union soviétique : Nikita Khrouchtchev devient le nouveau secrétaire général du PC.
9.10. Allemagne de l'Ouest : à Bonn, Konrad Adenauer est élu pour la deuxième fois chancelier.
8.11. Cambodge : le roi Norodom Sihanouk rentre d'exil à Phnom Penh.
24.12. France : élection de René Coty, second président de la IVe République, qui succède à Vincent Auriol.

René Coty

Science et technique

18.5. États-Unis : à bord d'un F86-Sabre de l'armée de l'air américaine, Jacqueline Cochran est la première femme à passer le mur du son.
1.7. France : à Paris, douze États européens fondent l'Organisation européenne pour la Recherche nucléaire (CERN).
14.9. États-Unis : le rapport Kinsey sur le comportement sexuel de la femme devient en très peu de temps un best-seller. En 1948, Alfred Charles Kinsey avait déjà étudié la sexualité masculine.
30.9. Suisse : Auguste Piccard et son fils Jacques établissent un nouveau record de plongée en Méditerranée avec le bathyscaphe *Trieste* qu'ils avaient eux-mêmes conçu. Ils atteignent la profondeur de 3 150 m.
10.12. Suède : l'Allemand Hermann Staudinger obtient le prix Nobel de chimie pour ses travaux sur la fabrication de matières synthétiques.
12.12. États-Unis : Chuck Yeager établit un nouveau record de vitesse à 2 655 km/h, avec l'avion-fusée Bell X 1A.
1953 - États-Unis : les biochimistes américains James Watson et Francis Crick concluent que la structure de l'ADN a la forme d'une double hélice. L'ADN est porteur des informations génétiques.

James Watson

Culture

5.1. France : à Paris, première représentation de la pièce de Samuel Beckett, *En attendant Godot.*
21.1. France : défendu par le député Marcel Sembat, le cubisme entre au musée d'Art moderne de Paris.
22.1. États-Unis : à New York a lieu la première de la pièce *Les Sorcières de Salem* d'Arthur Miller, qui met en scène l'époque du maccarthysme.
10.4. Israël : malgré l'interdiction formelle d'interpréter des œuvres de compositeurs allemands, le violoniste Jascha Heifetz commence son concert à Haïfa par une sonate de Strauss.
4.5. États-Unis : Ernest Hemingway obtient le prix Pulitzer pour *Le Vieil Homme et la mer.*
16.5. France : le film d'Henri-Georges Clouzot, *Le Salaire de la peur*, reçoit la palme d'or au festival de Cannes.
27.8. États-Unis : le film *Vacances romaines* rend Audrey Hepburn mondialement célèbre.

Audrey Hepburn

30.10. France : l'architecte Le Corbusier pose les fondations de la chapelle de Ronchamp.
10.12. Suède : Churchill, le Premier ministre britannique, obtient le prix Nobel de littérature pour ses écrits politico-historiques.

Sport

15.2. Suisse : Tenley Albright est la première patineuse américaine championne du monde de patinage artistique.
15.3. Suisse : l'équipe nationale suédoise de hockey sur glace remporte son premier titre de champion du monde.
29.5. Népal : Edmund P. Hillary et Tensing Norgay sont les premiers à venir à bout du mont Everest, d'une altitude de 8 848 m.
2.6. Italie : pour la cinquième fois, le coureur cycliste italien Fausto Coppi remporte le Tour d'Italie.
5.6. États-Unis : l'Américain Parry O'Brien est le premier à lancer le poids à plus de 18 m.
21.6. France : le cavalier espagnol Francisco Goyoaga est vainqueur à Paris du premier championnat du monde de saut d'obstacles.

Francisco Goyoaga

3.7. Grande-Bretagne : les Américains Vic Seixas et Maureen Connolly remportent le tournoi de tennis de Wimbledon.
23.8. Suisse : sa victoire au Grand Prix de Suisse permet au pilote italien de Formule 1 Alberto Ascari de devenir champion du monde.
1.11. Tchécoslovaquie : Emil Zátopek améliore son propre record mondial sur 10 000 m en 29 mn 1,6 s.

Chroniques 1954

Politique

25.3. Allemagne de l'Est : l'Union soviétique déclare la souveraineté de l'État en RDA.
7.5. Vietnam : la France perd la bataille de Diên Biên Phu contre les troupes du Vietminh dirigées par Vo Nguyen Giap.
21.7. Suisse : à Genève, la France et le Vietminh concluent un accord de cessez-le-feu qui prévoit le partage du Vietnam en deux. Le Nord sera communiste, le Sud sera orienté pro-occidental.
30.8. France : l'Assemblée nationale refuse le traité de la CED, remettant ainsi en cause le projet d'une Communauté européenne de défense.
8.9. International : l'Australie, la France, la Grande-Bretagne, la Nouvelle-Zélande, le Pakistan, les Philippines, la Thaïlande et les États-Unis fondent l'Organisation de Défense sud-asiatique (OTASE).
23.10. Allemagne de l'Ouest : les traités de Paris rétablissent la souveraineté de la République fédérale d'Allemagne et lui autorisent l'accès à l'OTAN.
1.11. Algérie/France : une vague d'attentats terroristes contre des colons déclenche la guerre d'Algérie.

Gamal Abdel Nasser

13.11. Égypte : le conseil révolutionnaire mené par Gamal Abdel Nasser renverse le président Mohammed Ali Nagib.

Science et technique

7.2. États-Unis : le Starfighter de la société Lockheed accomplit son premier vol.
21.2. France : la locomotive électrique CC-7121 établit un nouveau record de vitesse à 243 km/h.
1.3. Pacifique : l'explosion sur l'atoll de Bikini de la plus puissante bombe à hydrogène testée jusqu'ici par les États-Unis provoque la contamination radioactive des hommes dans un périmètre de 100 km autour de l'atoll.
13.4. États-Unis : soupçonné de contacts avec les communistes, Robert Oppenheimer, père de la bombe atomique, est écarté de tout projet de recherche.
21.4. États-Unis : le *Nautilus*, premier sous-marin nucléaire du monde, est mis en service.
15.7. États-Unis : le prototype du Boeing 707 effectue son premier vol.
26.10. Grande-Bretagne : le prix Nobel de chimie Frederick Soddy estime que les essais atomiques sont responsables des changements météorologiques.
28.11. États-Unis : Enrico Fermi, spécialiste de physique nucléaire et prix Nobel, meurt à Chicago.
10.12. Suède : le prix Nobel de chimie est attribué à l'Américain Linus Pauling, pour ses travaux sur la mécanique quantique en chimie atomique.

Linus Pauling

Culture

29.3. États-Unis : Elvis Presley sort son premier titre, *That's Allright*.
8.4. France/Union soviétique : la Comédie-Française inaugure à Moscou une tournée à travers l'URSS, avec la pièce de Molière, *Tartuffe*.
12.4. États-Unis : Bill Haley enregistre *Rock around the clock* avec son groupe The Comets dans un studio new-yorkais.
25.5. Vietnam : Robert Capa, célèbre photographe de guerre, meurt en sautant sur une mine.
25.5. France : *Bonjour tristesse*, de Françoise Sagan, obtient le prix des Critiques.
28.7. États-Unis : le film d'Elia Kazan *Sur les quais*, avec Marlon Brando et Eva Marie Saint, obtient huit oscars.
6.8. Japon : inauguration à Hiroshima de l'église de la Paix dans le monde, en souvenir du lancement de la bombe atomique en 1945.
18.9. Italie : *La Strada* de Federico Fellini, avec Anthony Quinn et Giulietta Masina, sort sur les écrans.
23.9. Allemagne de l'Ouest : publication du dernier roman de Thomas Mann, *Les Confessions du chevalier d'industrie Felix Krull*.

Ernest Hemingway

10.12. Suède : le prix Nobel de littérature est attribué à l'Américain Ernest Hemingway.

Sport

17.1. Suède : la Suède remporte par 17 à 14 contre l'Allemagne le titre de champion du monde de handball.
7.3. Suède : par une fantastique victoire de 7 à 2 face au Canada, l'Union soviétique remporte pour la première fois le titre de champion du monde de hockey sur glace.

Roger Bannister

6.5. Grande-Bretagne : Roger Bannister est le premier à courir le *mile* en moins de 4 minutes (3 mn 59,4 s).
13.5. France : première victoire française au tournoi des Cinq Nations.
13.6. Italie : le Suisse Carlo Clerici gagne le Tour d'Italie.
3.7. Grande-Bretagne : les Américains Iaroslav Drobny et Maureen Connolly remportent le tournoi de Wimbledon.
4.7. Suisse : avec un score de 3 à 2 contre la Hongrie, l'équipe d'Allemagne devient championne du monde de football.
1.8. France : Louison Bobet est pour la deuxième fois vainqueur du Tour de France.
22.8. Suisse : sa victoire au Grand Prix de Suisse permet à l'Argentin Juan Manuel Fangio de devenir champion du monde d'automobile.
13.11. Italie : le boxeur français Charles Humez devient champion d'Europe des poids moyens.

Politique

30.3. Grande-Bretagne : le ministre des Affaires étrangères Anthony Eden annonce à la Chambre des communes l'entrée du pays dans le pacte de Bagdad. Le Pakistan et l'Iran rejoignent cet accord les 23 septembre et 11 octobre.

5.4. Grande-Bretagne : en raison de son âge, Winston Churchill abandonne son poste de Premier ministre. Son successeur est Anthony Eden.

18.4. Indonésie : à Bandung, début de la première conférence des États non alignés africains et asiatiques.

9.5. France : lors de la tenue du Conseil nord-atlantique à Paris, la RFA est intégrée au traité de défense occidental de l'OTAN.

14.5. Pologne : à Varsovie, huit États de l'Europe de l'Est, sous la direction de l'URSS, créent le pacte de Varsovie, en réponse à l'OTAN.

15.5. Autriche : à Vienne, les quatre puissances victorieuses et l'Autriche signent le traité d'Autriche. Le pays devient souverain, mais neutre.

20.9. Argentine : le président Juan Domingo Perón est renversé par un coup d'État militaire.

26.10. Sud-Vietnam : l'empereur Bao Dai est révoqué. Le président du Conseil Ngo Dinh Diem, soutenu par les Américains, proclame la république.

Ngo Dinh Diem

Science et technique

6.1. États-Unis : John Stapp franchit le mur du son sur un véhicule terrestre propulsé par un moteur-fusée et établit un record de vitesse à 1 012 km/h.

19.3. États-Unis : les laboratoires Bell Telephone présentent le premier ordinateur équipé de transistors.

12.5. Allemagne de l'Ouest : grâce à un nouvel appareil de sauvetage, trois montagnards ensevelis sous une avalanche sont sauvés à Gelsenkirchen.

19.5. États-Unis : mort du physicien Albert Einstein.

20.6. Ceylan : des scientifiques observent la plus longue éclipse de soleil depuis plus de 1 200 ans, qui dure sept minutes et huit secondes.

23.6. France : la société Sud-Aviation présente au public la Caravelle, le premier avion à réaction français de l'aviation civile.

6.10. France : lancement au Salon de l'auto de la Citroën DS 19.

22.10. Union soviétique : avec le lancement d'une bombe à hydrogène miniaturisée, l'URSS prend le pas dans la course à l'armement nucléaire.

Hugo Theorell

10.12. Suède : le prix Nobel de médecine est attribué au Suédois Hugo Theorell pour ses travaux sur les enzymes porteuses d'oxygène.

Culture

7.1. États-Unis : la chanteuse Marian Anderson est la première artiste de couleur à monter sur la scène du Metropolitan Opera de New York.

3.3. Allemagne de l'Ouest : l'orchestre philharmonique de Berlin nomme Herbert von Karajan chef à vie.

16.3. Allemagne de l'Est : Erich Kleiber, directeur de l'Opéra national, démissionne de son poste pour protester contre « l'oppression culturelle ».

24.3. États-Unis : première représentation à New York du drame de Tennessee Williams, *La Chatte sur un toit brûlant*.

Elvis Presley

1.5. États-Unis : Elvis Presley commence sa première tournée à travers le pays.

3.6. États-Unis : grâce à la comédie de Billy Wilder *Sept ans de réflexion*, Marilyn Monroe devient une star.

5.6. France : le film policier de Jules Dassin, *Du rififi chez les hommes,* sort sur les écrans.

16.7. Allemagne de l'Ouest : on inaugure à Kassel la première Documenta, une exposition d'art contemporain.

30.9. États-Unis : James Dean, symbole d'une jeunesse rebelle, se tue dans un accident de voiture.

3.11. France : à Paris, première du drame de Jean Anouilh, *Monsieur Ornifle*.

Sport

6.3. Allemagne de l'Ouest : le Canada remporte à Krefeld le championnat du monde de hockey sur glace contre l'Union soviétique avec un score de 5 à 0.

16.3. Mexique : à Mexico, Adhemar Ferreira da Silva établit un nouveau record mondial en triple saut à 16,56 m.

20.3. Hongrie : le Français Alain Giletti devient champion du monde de patinage artistique.

8.5. Grande-Bretagne : à Londres, l'union européenne de football, l'UEFA, crée la Coupe d'Europe des champions.

1.6. France : au cours des 24 Heures du Mans, une Mercedes fonce dans le public. Bilan : 82 morts.

3.7. France : Jacqueline Auriol, sur Mystère IV, championne du monde de vitesse aérienne à 1 087 km/h.

7.7. Allemagne de l'Ouest : Hans Günter Winkler gagne le championnat du monde de saut d'obstacles à Aix-la-Chapelle.

16.7. Grande-Bretagne : 2e au Grand Prix d'Angleterre, l'Argentin Juan Manuel Fangio devient champion du monde de Formule 1.

Louison Bobet

31.7. France : le Français Louison Bobet est pour la troisième fois consécutive vainqueur du Tour de France.

Politique

15.2. Indonésie : le président du Conseil Sukarno annonce la levée unilatérale de l'Union avec les Pays-Bas.

25.2. Union soviétique : lors du XXe Congrès du parti communiste d'URSS à Moscou, le chef du PC Nikita Khrouchtchev dénonce les crimes de Staline.

Nikita Khrouchtchev

20.3. France : à Paris, la France et la Tunisie signent un protocole sur l'indépendance de la Tunisie.

18.4. Union soviétique : le gouvernement du Kremlin dissout le Kominform.

24.4. États-Unis : la Cour suprême de Washington déclare anticonstitutionnelle la ségrégation raciale dans les transports en commun.

29.6. Pologne : à Poznan, de graves émeutes sont réprimées par la troupe, faisant officiellement 38 morts et 270 blessés.

27.7. Égypte : après le refus des Occidentaux de financer le barrage d'Assouan, Nasser nationalise le canal de Suez.

30.10. Israël : les troupes israéliennes pénètrent en Égypte.

31.10. Égypte : des parachutistes français et britanniques investissent la zone du canal de Suez.

4.11. Hongrie : l'armée Rouge met fin à la révolte populaire et à la démocratisation.

Science et technique

3.1. Chine/Union soviétique : les travaux de construction de la ligne de chemin de fer entre Pékin et Moscou (6 500 km) sont enfin terminés.

17.1. États-Unis : le plus gros hélicoptère du monde, le XH-17, effectue des essais en vol.

21.5. États-Unis : lancement de la première bombe H miniaturisée sur l'atoll de Namu dans le Pacifique.

1.10. France : les sociétés automobiles Citroën, Triumph et Jensen introduisent les freins à disques sur certaines de leurs voitures.

17.10. Grande-Bretagne : mise en service de la centrale nucléaire de Calder Hall.

17.10. France : inauguration du pont de Tancarville qui, avec une longueur de 1 410 m, est le plus long pont suspendu d'Europe.

10.12. Suède : André Cournand, Werner Forssmann et Dickinson Richards obtiennent le prix Nobel de médecine pour la mise au point du cathéter cardiaque.

Werner Forssmann

1956 États-Unis : IBM construit un premier ordinateur pourvu de disques magnétiques.

1956 États-Unis/Grande-Bretagne : un premier câble téléphonique sous-marin est installé à travers l'Atlantique sur une distance de 3 600 km, entre l'Écosse et Terre-Neuve.

Culture

20.2. Grande-Bretagne : la comédie *Tueurs de dames*, modèle de l'humour anglais, avec Alec Guinness dans le rôle principal, sort au cinéma.

1.3. France : grande exposition du peintre Balthus à Paris.

15.3. États-Unis : à Broadway, les critiques et le public célèbrent la comédie musicale de Frederick Loewe *My Fair Lady*, ainsi que ses deux interprètes Julie Andrews et Rex Harrison. Au cours de l'année 1956, la comédie musicale a été jouée 298 fois.

19.4. Monaco : l'actrice Grace Kelly épouse le prince Rainier III.

24.5. Suisse : Lys Assia remporte le premier Grand Prix Eurovision de la chanson avec *Refrain*.

29.6. États-Unis : l'écrivain Arthur Miller épouse l'actrice Marilyn Monroe.

Arthur Miller

10.12. Suède : le poète espagnol Juan Ramon Jimenez qui vit en exil aux États-Unis, reçoit le prix Nobel de littérature

15.12. France : sortie du film de Roger Vadim, *Et Dieu créa la femme*, avec Brigitte Bardot dans le rôle principal.

19.12. Autriche : le film *Sissi*, qui relate les débuts du règne de François-Joseph Ier, révèle une jeune actrice talentueuse, Romy Schneider.

Sport

25.1. Italie : à Cortina d'Ampezzo s'ouvrent les VIIe jeux Olympiques d'hiver, au cours desquels l'Autrichien Toni Sailer remporte trois médailles d'or.

27.4. États-Unis : le champion du monde de boxe Rocky Marciano, invaincu en 49 combats professionnels, prend sa retraite.

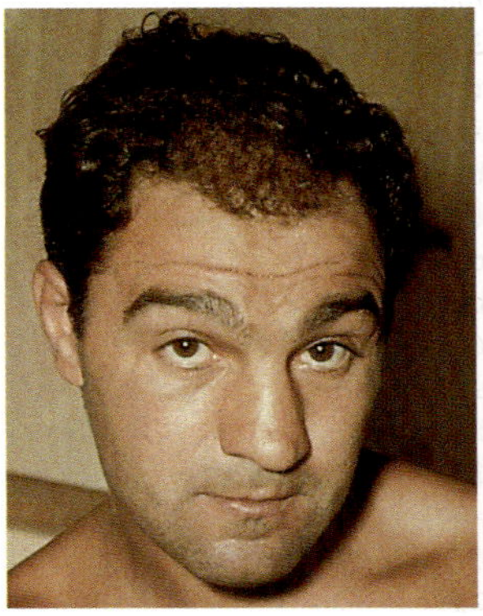

Rocky Marciano

10.6. Italie : le coureur cycliste luxembourgeois Charly Gaul remporte le Tour d'Italie.

12.6. France : à Paris, le Real Madrid bat Reims 4 à 3 et gagne la première coupe d'Europe des clubs champions.

7.7. Grande-Bretagne : l'Australien Lewis Hoad et l'Américaine Shirley Fry remportent le tournoi de Wimbledon.

3.8. Berlin-Ouest : en courant le 100 m en 10,1 s, l'Américain Willie Williams bat le record de Jesse Owens vieux de vingt ans.

2.9. Italie : la deuxième place du Grand Prix d'Europe permet à l'Argentin Juan Manuel Fangio sur Ferrari de devenir pour la quatrième fois champion du monde de Formule 1.

30.11. États-Unis : Floyd Patterson, âgé de 21 ans, devient le plus jeune champion du monde de boxe des poids lourds, en battant son compatriote Archie Moore.

8.12. Australie : à Melbourne, clôture des XVIe jeux Olympiques d'été.

Politique

1.1. Allemagne de l'Ouest : la Sarre redevient allemande.
5.1. États-Unis : le président Eisenhower demande au Congrès les moyens pour freiner la menace communiste au Proche-Orient
10.1. Grande-Bretagne : Harold MacMillan succède au Premier ministre sortant Anthony Eden.
31.1. Algérie : pour contrer le terrorisme du FLN, le général Jacques Massu engage la bataille d'Alger.
6.3. Israël : le gouvernement de Ben Gourion évacue la bande de Gaza et la région de Charm el-Cheikh qui sont mises sous le contrôle des troupes de l'ONU.
6.3. Ghana : ce pays africain, ancienne colonie du Royaume-Uni, obtient son indépendance.
25.3. Italie : les pays du Benelux, l'Allemagne fédérale, la France et l'Italie signent à Rome les traités créant la CEE et l'Euratom.

Konrad Adenauer

15.9. Allemagne de l'Ouest : le parti de Konrad Adenauer, le CDU/CSU, obtient la majorité absolue aux élections.
15.9. Algérie : un barrage électrique est mis en place le long de la frontière avec la Tunisie.
19.10. Allemagne de l'Ouest : rupture des liens diplomatiques avec la Yougoslavie, qui a reconnu la RDA.

Science et technique

2.5. Allemagne de l'Ouest : le physicien Karl Schenk obtient un brevet pour ses lunettes en 3D.
14.6. États-Unis : Martin Klein et Douglas Bolitho présentent un ordinateur capable d'effectuer 400 opérations en une heure.
26.8. Union soviétique : lancement avec succès de la première fusée intercontinentale transportant des ogives nucléaires.
19.9. États-Unis : dans le désert du Nevada, les États-Unis procèdent à un premier essai nucléaire souterrain.
1.10. Allemagne de l'Ouest : mise en vente de la thalidomide qui entraînera des malformations chez des milliers de nouveau-nés.
4.10. Union soviétique : le *Spoutnik 1*, premier satellite artificiel, est mis en orbite autour de la Terre à une altitude de 900 km. Cet exploit constitue un choc pour les États-Unis.
10.10. Grande-Bretagne : un incendie du réacteur nucléaire de Windscale libère des produits radioactifs.
4.11.Union soviétique : la chienne Laïka est le premier être vivant envoyé dans l'espace.
10.12. Suède : l'Italien D. Bovet reçoit le prix Nobel de médecine pour ses travaux sur le traitement du tétanos.

Daniel Bovet

Culture

26.1. Italie : on assiste à la Scala de Milan à la première représentation de l'opéra de Francis Poulenc, *Dialogues des carmélites*.
3.4. Grande-Bretagne : la pièce en un seul acte de Samuel Beckett, *Fin de partie*, est jouée pour la première fois à Londres.
14.4. États-Unis : les débuts du metteur en scène Sidney Lumet sont marqués par le film *Les Douze Salopards* avec Henry Fonda.
6.6. Suisse : sous la direction de Karlheinz Krahl est joué pour la première fois à Zurich l'opéra inachevé d'Arnold Schönberg, *Moïse et Aaron*.
26.9. États-Unis : première à Broadway de la comédie musicale de Jerome Robbins, *West Side Story*, qui connaît un succès retentissant.
10.12. Suède : l'écrivain et philosophe français Albert Camus obtient le prix Nobel de littérature.

Albert Camus

22.12. France : sortie du film *Le Pont de la rivière Kwaï*, du Britannique David Lean, tiré d'un roman de Pierre Boulle, avec Alec Guiness et William Holden.
26.12. Suède : avec son film *Les Fraises sauvages*, le Suédois Ingmar Bergman accède à la notoriété internationale.

Sport

5.3. Union soviétique : la Suède est championne du monde de hockey sur glace à Moscou.
22.3. États-Unis : à Colorado Springs, les Canadiens Barbara Wagner et Robert Paul deviennent champions du monde en patinage artistique.
27.4. Union soviétique : le Soviétique Vassili Smyslov détrône son compatriote Mikhaïl Botwinnik par une victoire de 12,5 à 9,5 points et devient champion du monde d'échecs.
27.4. États-Unis : avec un saut de 4,78 m, Robert Gutowski améliore de 1 cm le record mondial de saut à la perche, établi 15 ans plus tôt.
1.5. États-Unis : Ray « Sugar » Robinson réussit son deuxième retour sur le ring en battant Gene Fullmer par KO.

Althea Gibson

6.7. Grande-Bretagne : l' Américaine Althea Gibson est la première joueuse de couleur à gagner à Wimbledon. Chez les hommes, le vainqueur est l'Australien Lewis Hoad.
21.7. France : Jacques Anquetil gagne son premier Tour de France. Il devance le Belge Marcel Janssens et l'Autrichien Adolf Christian.
4.8. Allemagne de l'Ouest : au Nürburgring, l'Argentin Juan Manuel Fangio est sacré pour la cinquième fois champion du monde de Formule 1.

Chroniques 1958

Politique

1.2. Égypte/Syrie : les deux pays s'unissent en une République arabe unie (RAU).
19.3. France : le Parlement européen se réunit pour la première fois à Strasbourg, à l'occasion de sa constitution.
27.3. Union soviétique : Nikita Khrouchtchev démet Boulganine de son poste de président du Conseil, et dispose ainsi des mêmes fonctions que son prédécesseur Staline.

Charles de Gaulle

15.5. France : à la suite des événements d'Algérie, le président René Coty appelle au pouvoir le général de Gaulle qui accepte.
14.7. Iraq : lors d'un coup d'État à l'initiative d'Abd el Karim Kassim, la famille royale et le président du Conseil Nouri As Said sont assassinés.
16.7. Liban : débarquement de 5 000 marines américains près de Beyrouth.
29.8. Chine : le comité central du PC chinois décide la création de communes populaires, confirmant ainsi le programme « du Grand Bond en avant », lancé par Mao Zhé dong.
28.9. France : les Français se prononcent par un référendum pour la nouvelle constitution. La Ve République est née.
29.10. Vatican : élection du pape Jean XXIII.

Science et technique

31.1. États-Unis : avec la fusée Jupiter mise au point par Wernher von Braun, le premier satellite américain *Explorer 1* est lancé de cap Canaveral.

Wernher von Braun

6.2. Pays-Bas : à Eindhoven, la société DAF présente la première petite voiture à transmission automatique.
29.7. États-Unis : le Congrès autorise la création d'une autorité civile aéronautique et aérospatiale, la NASA, chargée de développer le programme spatial civil des États-Unis.
5.8. États-Unis : le sous-marin nucléaire *Nautilus* passe sous le pôle Nord.
17.8. États-Unis : la première fusée lunaire américaine explose peu après son départ.
4.10. Grande-Bretagne : deux Comet 1 de la compagnie aérienne britannique BOAC inaugurent l'ère du transport transatlantique de passagers en avion à réaction.
8.11. Belgique : à Bruxelles, les États-Unis et les pays de l'Euratom décident d'une coopération plus étroite en matière de recherche nucléaire.
10.12. Suède : pour la découverte et l'explication de l'effet Tcherenkov, les scientifiques soviétiques Pavel Tcherenkov, Ilia Frank et Igor Tamm reçoivent le prix Nobel de physique.

Culture

3. 1. Italie : un scandale se produit à l'opéra de Rome, au cours de la représentation d'ouverture. Maria Callas, qui chantait *La Norma*, quitte la scène pour protester contre l'attitude du public.
25.1. Grande-Bretagne : *Jailhouse rock* d'Elvis Presley est en tête du hit-parade anglais.
6.2. États-Unis : le film de Billy Wilder, *Témoin à charge*, avec Marlene Dietrich et Charles Laughton dans les rôles principaux, sort sur les écrans.
17.4. Belgique : le roi Baudouin inaugure l'Exposition universelle de Bruxelles. Elle a pour symbole l'Atomium, une reproduction de 100 m de haut d'un atome de fer.
9.5. France : avec *Mon oncle*, M. Hulot, le héros de Jacques Tati, revient à l'écran.
19.9. Belgique : au cours de l'Exposition universelle de Bruxelles, un jury de 117 membres sacre *Le Cuirassé Potemkine* (1925) meilleur film de tous les temps.
29.10. Union soviétique : Boris Pasternak renonce, sous la pression du PCUS, au prix Nobel de littérature qu'il venait de recevoir quatre jours plus tôt.

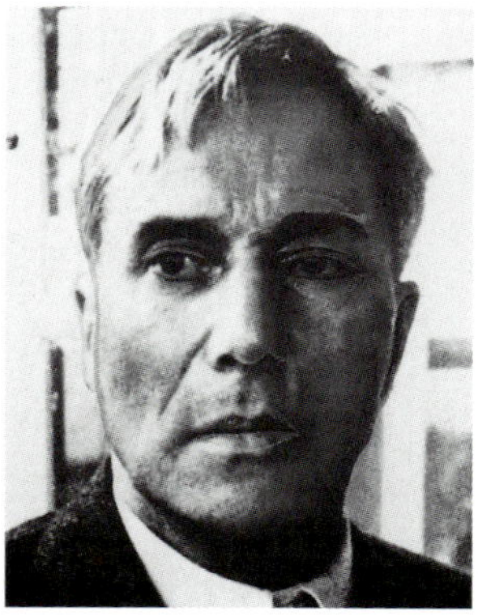

Boris Pasternak

15.11 France : sortie du film de Louis Malle, *Les Amants*, avec Jeanne Moreau, Alain Cuny et Jean-Marc Bory.

Sport

9.2. Autriche : lors des championnats du monde de ski, Toni Sailer remporte la descente, après avoir gagné le combiné et le slalom géant.
25.3. États-Unis : pour la quatrième fois, Ray « Sugar » Robinson est champion du monde de boxe en mi-lourds, après avoir battu Carmen Basilio.
10.5. URSS : dans le match de revanche lors des championnats du monde d'échecs, Mikhaïl Botwinnik remporte le titre face à Vassily Smyslow.
29.6. Suède : à Stockholm, le Brésil gagne la Coupe du monde de football en battant la Suède 5 à 2.
5.7. Grande-Bretagne : lors du tournoi de Wimbledon, Althea Gibson (États-Unis) renouvelle son exploit de l'année précédente. En simple messieurs, l'Australien Ashley Cooper remporte le titre.

Dawn Fraser

10.8. Pays-Bas : l'Australienne Dawn Fraser exécute le 100 m nage libre en 1 mn 2,2 s, établissant ainsi un nouveau record du monde.
16.8. Afrique du Sud : le XV de France bat les Springboks à l'Ellis Park de Johannesburg par 9 à 5 devant 100 000 spectateurs. C'est la première fois que les Springboks perdent sur leur sol une série de tests.

Politique

Fidel Castro

2.1. Cuba : après la fuite du dictateur Fulgencio Batista y Zaldivar, Fidel Castro met en place un gouvernement révolutionnaire à La Havane.

9.1. France : Charles de Gaulle devient le premier président de la Vᵉ République.

4.2. France : création de la Communauté française, à laquelle appartiennent la plupart de ses anciennes colonies africaines.

17.3. Chine/Tibet : après de sanglants soulèvements contre l'occupant chinois, le dalaï-lama se réfugie en Inde.

5.7. Indonésie : le président Sukarno rétablit la constitution de 1945 qui lui accorde les pleins pouvoirs.

15.9. URSS/États-Unis : Nikita Khrouchtchev est le premier chef du Kremlin à faire une visite aux États-Unis.

26.9. Ceylan : le président du Conseil Solomon Bandaranaike est assassiné à Colombo par un moine bouddhiste.

10.11. Kenya : la Grande-Bretagne met fin à l'insurrection des Mau-Mau qui durait depuis près de 7 ans.

20.11. Suède : à Stockholm, le Danemark, la Grande-Bretagne, la Norvège, l'Autriche, le Portugal, la Suède et la Suisse créent l'Association européenne de libre-échange (AELE).

Science et technique

2.1. Union soviétique : la sonde *Lunik 1* part pour la Lune qu'elle survole à une altitude de 5 600 km.

28.5. États-Unis : deux singes survivent à un vol spatial de 15 minutes à bord d'une fusée américaine.

20.6. Union soviétique : l'avion de transport de passagers Tupolev TU-114 parcourt la distance Moscou-Paris en un temps record de 4 h 30.

26.7. Grande-Bretagne : un véhicule à coussin d'air traverse la Manche pour la première fois.

7.8. États-Unis : le satellite *Explorer 6* envoie de remarquables vues de la surface de la Terre à la station au sol.

12.9. Union soviétique : *Lunik 2* est la première sonde à se poser sur la Lune ; elle y dépose un drapeau aux couleurs de l'URSS.

10.11. États-Unis : l'organisme fédéral américain de vérification des médicaments commercialise la première pénicilline de synthèse, la syncilline.

10.12. Suède : les scientifiques américains Owen Chamberlain et Emilio Gino Segré obtiennent le prix Nobel de physique pour la découverte de l'antiproton.

Henri de France

10.12. France : présentation du procédé français de télévision en couleur, le HDF, du nom de son inventeur Henri de France.

Culture

21.2. France : Publication de *Zazie dans le métro* de Raymond Queneau.

29.3. États-Unis : la comédie *Certains l'aiment chaud* de Billy Wilder, avec Marilyn Monroe, Tony Curtis et Jack Lemon, est un énorme succès.

18.5. France : le premier film de François Truffaut, *Les 400 Coups*, marque le début de la Nouvelle Vague.

11.7. Allemagne de l'Ouest : ouverture à Kassel de l'exposition d'art Documenta II.

23.7. Allemagne de l'Ouest : la mise en scène de Wieland Wagner du *Vaisseau fantôme* de Richard Wagner ouvre le festival de Bayreuth.

6.8. États-Unis : *La Mort aux trousses* d'Alfred Hitchcock, avec Cary Grant et Eva Marie Saint, entre dans l'histoire du cinéma.

7.9. France : attribution du Grand Prix national des Lettres au poète Saint-John Perse.

Günter Grass

6.10. Allemagne de l'Ouest : Günter Grass présente son roman *Le Tambour* à la foire de Francfort.

21.10. États-Unis : inauguration du musée Guggenheim à New York, conçu par Frank Lloyd Wright.

18.11. États-Unis : *Ben Hur* de William Wyler est récompensé par onze oscars.

Sport

15.3. Tchécoslovaquie : le Canada gagne pour la 18ᵉ fois le championnat du monde de hockey sur glace.

5.4. Allemagne de l'Ouest : les Japonais remportent six des sept titres lors des championnats du monde de tennis de table.

18.5. Union soviétique : à Moscou, le Soviétique Vassily Kousnezov établit un nouveau record en décathlon, en totalisant 8 357 points.

26.6. États-Unis : au Yankee Stadium, le Suédois Ingemar Johansson bat Floyd Patterson au troisième round.

4.7. Grande-Bretagne : la Brésilienne Maria Esther Bueno remporte le simple dames lors du tournoi de Wimbledon. Chez les messieurs, le vainqueur est le Péruvien Alejandro Olmedo.

7.7. Suisse : à Zurich, Martin Lauer établit le record du monde du 110 m haies en 13,2 s.

18.7. France : l'Espagnol Federico Bahamontes remporte le Tour de France.

12.8. Pays-Bas : à Amsterdam, l'Allemand Rudi Altig devient champion du monde de poursuite amateur.

Rudi Altig

16.8. Pays-Bas : le cycliste français André Darrigade devient champion du monde sur le circuit de Zandvoort.

La guerre de Corée

Lorsque le 25 juin 1950 des troupes nord-coréennes attaquent la Corée du Sud, les États-Unis considèrent cette agression comme une provocation de l'Union soviétique et réagissent par un envoi massif de leurs troupes.

Après la capitulation du Japon à l'issue de la Seconde Guerre mondiale, le pays est occupé par des troupes américaines et soviétiques. En août 1948, la République de Corée, favorable à l'Ouest, est créée au Sud ; un mois plus tard a lieu la proclamation de la République populaire démocratique de Corée, au Nord. Cette même année les deux États entreprennent de se réarmer à la hâte.

Des soldats américains saluent l'arrêt des hostilités en Corée, en 1953.

Le 25 juin 1950, les troupes nord-coréennes franchissent le 38e parallèle qui marque la frontière entre les deux pays, et s'avancent sur un large front en direction de Séoul, la capitale. Quelques heures plus tard, la radio de la Corée du Nord annonce la déclaration de guerre contre le Sud.

Les États-Unis sont inquiets : le président Truman considère cette agression comme la preuve que la tactique des communistes est de recourir à l'invasion armée et à la guerre. À la demande des États-Unis qui voient leurs positions menacées en Asie du Sud-Est, le Conseil de sécurité de l'ONU dénonce l'agression le jour même et décide d'une intervention militaire internationale. Le vote de la résolution est facilité par le boycottage des Soviétiques qui exigent que la Chine populaire soit représentée à l'ONU. Le président Harry Truman nomme le général américain Douglas MacArthur commandant en chef de ces troupes constituées en grande partie de soldats américains, mais aussi de contingents de seize pays dont la France qui intervient à partir de 1951.

Dans un premier temps, les Nord-Coréens poursuivent leur progression. À la fin de juillet, ils contrôlent militairement la quasi-totalité du territoire de la Corée du Sud. Face à cette situation, le président Truman envoie des renforts considérables aux unités militaires déjà sur le terrain et ordonne aux troupes d'intervenir. Il faut cependant attendre l'automne pour que se produise la contre-offensive victorieuse des troupes de l'ONU qui atteignent la

Des parachutistes américains atterrissent en Corée pour barrer la route à l'avancée des Chinois.

ligne du 38e parallèle et s'avancent jusqu'à la frontière chinoise.

Le 3 novembre 1950, l'Assemblée générale de l'ONU accepte l'envoi de nouveaux renforts. Au début de 1951, des unités de « volontaires » chinois apparaissent sur le front et font reculer à nouveau les Américains et les troupes de l'ONU. Le général MacArthur donne alors l'ordre de bombarder l'arrière-pays chinois, ce qui entraîne son limogeage le 11 avril 1951 par le président Truman, qui mise sur une solution diplomatique. Trois mois plus tard les négociations débutent. Elles dureront plus de deux ans. Le 27 juillet 1953, trois mois après la mort de Staline, les belligérants finissent par signer un accord sur la base du *statu quo* : le 38e parallèle est confirmé en tant que frontière entre les deux pays. Une zone démilitarisée, contrôlée par l'ONU, doit empêcher que se renouvelle un tel conflit qui a fait plus d'un million de victimes. La division de la Corée dure toujours.

Les grandes étapes de la guerre de Corée

25 juin 1950

Agression de la Corée du Nord

L'attaque, par la Corée du Nord, de la Corée du Sud, favorable aux puissances de l'Ouest, marque le début de la guerre de Corée. En raison de leur supériorité militaire, les Nord-Coréens avancent rapidement et entrent sans coup férir à Séoul dès le 28 juin.

Des soldats sud-coréens capturent un blessé nord-coréen, en 1950.

15 septembre 1950

Contre-offensive

Les troupes américaines, combattant sous le pavillon de l'ONU, entreprennent une grande offensive contre les occupants nord-coréens. Après d'âpres combats, elles conquièrent Séoul le 25 septembre et rendent trois jours plus tard la capitale à la Corée du Sud au cours d'un défilé imposant.

Le général MacArthur, commandant en chef des troupes de l'ONU en Corée

9 octobre 1950

L'ONU au 38e parallèle

Les troupes des Nations unies et des États-Unis atteignent la ligne de démarcation entre les deux Corées et progressent vers le Nord. Le 20 octobre, elles prennent la capitale nord-coréenne, Pyongyang, et gagnent peu après la frontière chinoise.

25 novembre 1950

La Chine intervient

Les soldats chinois contraignent les troupes de l'ONU à se retirer de la Corée du Nord. En janvier 1951, des unités nord-coréennes reprennent Séoul.

Des soldats américains durant la guerre de Corée, en 1951

14 mars 1951

Reprise de Séoul

Le 7 mars, les troupes américaines lancent l'opération Ripper qui doit mettre un terme à la guerre. Une semaine plus tard, les Nord-Coréens doivent se retirer de Séoul. Le 23 mars, des parachutistes américains atterrissent derrière les troupes ennemies, les privant ainsi de leur approvisionnement.

27 juillet 1953

L'armistice

Après deux années de négociations, l'armistice est signé à Panmunjon. En trois ans, les combats ont détruit l'économie des deux pays.

Signature de l'armistice de Panmunjon, en 1953

Les troupes chinoises envahissent le Tibet, État de l'Himalaya

Le 24 octobre 1950, les Chinois occupent le Tibet, territoire indépendant situé entre l'Inde et la république populaire de Chine. Par cette opération prévue de longue date, les Chinois affirment leur droit sur le « Toit du monde » qu'ils annexent en 1951.

Le conflit entre l'État du Tibet et la Chine a une histoire séculaire. Dès le début du XVIIIe siècle, les troupes de la dynastie mandchoue occupent le pays. Ce n'est qu'à la fin du XIXe siècle que les Chinois se retirent, pour revenir occuper de nouveau le Tibet en 1910, après la reconnaissance par la Grande-Bretagne (1906) et la Russie (1907) de la suprématie chinoise. En 1911, la révolution tibétaine chasse les troupes chinoises : le Tibet devient un pays autonome. Considérant que la province du Xizang (Tibet) lui appartient de droit, Pékin l'annexe en 1950.

Le dalaï-lama au cours d'une conférence de presse

Officiellement, la Chine justifie l'action de ses troupes en affirmant qu'elles viennent libérer trois millions de Tibétains de l'oppression impérialiste et assurer la défense de sa frontière occidentale. En 1951, un traité règle l'intégration effective du Tibet dans la république populaire de Chine. Certes, cette dernière assure aux Tibétains leur autonomie ainsi que le droit à la pratique de leur religion, mais en contrepartie ils doivent accepter de nombreuses servitudes, dont la reconnaissance de la tutelle chinoise.

Après des années d'oppression, en mars 1959, les Tibétains se révoltent contre leurs occupants. Les troubles débutent au cours de la fête de l'indépendance tibétaine, qui a lieu chaque année le 10 mars, par une attaque de la garnison chinoise. Après l'attaque du Potala, palais du dalaï-lama, le chef suprême politique et religieux s'enfuit le 19 mars en Inde, à Dharamsala, où l'asile politique lui est accordé.

Deux jours plus tard, le gouvernement tibétain en exil proclame son indépendance par rapport à la Chine et déclare nulles toutes les décisions inscrites dans le traité de soumission.

La Chine confie alors les affaires du gouvernement au panchen-lama. Après le dalaï-lama, il occupe la deuxième position au sommet de l'organisation hiérarchique du lamaïsme qui, depuis des siècles, est la religion d'État. Entre le dalaï-lama, qui exerce une forte influence politique et spirituelle, et le panchen-lama existe une rivalité,

Le Potala, palais du dalaï-lama à Lhassa, au Tibet

du fait que l'un penche pour son voisin, l'Inde, et le second pour la Chine.

Les combats des Tibétains durent jusqu'à la fin du mois de mars avant que les Chinois, mieux armés, ne prennent le contrôle de la situation. Après l'échec de la rébellion, un intense mouvement d'exode s'instaure. Des milliers d'hommes quittent le Tibet, le haut plateau le plus élevé de la Terre.

Durant les années qui suivent, la Chine tente d'implanter des colonies chinoises afin d'assimiler la population tibétaine tant culturellement que politiquement. Les moines bouddhistes y sont persécutés et de nombreux temples sont détruits. En 1964, ils déposent officiellement le dalaï-lama et, un an plus tard, le panchen-lama. Dans la lutte pour l'indépendance, le dalaï-lama, qui en est le symbole, demeure en exil ; pour son engagement dans sa résistance pacifique à l'occupation de son pays, il reçoit le prix Nobel de la paix en 1989.

Histoire du Tibet au XXe siècle

1914

Conférence de Simla
Après le départ des troupes chinoises en 1911, la Chine se voit attribuer les parties occidentales du Tibet à la conférence de Simla, au pied de l'Himalaya. La plus grande partie du Tibet demeure indépendante.

Danseurs se produisant devant les troupes d'occupation chinoises

1951

Annexion du Tibet par la Chine
Par un traité en 17 points, la Chine obtient l'annexion du Tibet à la République populaire. Ce « traité de soumission » prouve la volonté de puissance de la Chine qui assure désormais la responsabilité de la politique étrangère et de la politique de défense de l'État de l'Himalaya. En « contrepartie » de la perte de l'indépendance, les Chinois modernisent le pays en bâtissant au Tibet des routes, des écoles et des hôpitaux.

Tibétains partisans de l'indépendance

1987

Troubles au Tibet
Au cours de heurts entre des moines tibétains et les forces de sécurité chinoises, six hommes trouvent la mort, selon les informations officielles. Des témoins oculaires parlent pourtant d'au moins treize victimes. Les troubles ont éclaté après la manifestation des moines en faveur de l'indépendance, manifestation suivie de leur arrestation. La Chine rendle dalaï-lama, qui vit en exil, responsable de ces échauffourées.

Le Tibet en état de guerre : troupes chinoises patrouillant en ville

1989

Distinction du dalaï-lama
Le dalaï-lama, « Océan de sagesse » reçoit le prix Nobel de la paix pour son engagement en faveur d'une résistance non violente contre l'occupation de son pays par les Chinois. La Chine condamne cette distinction comme une « ingérence dans les affaires intérieures » du pays.

Manifestants à Lhassa, en 1989

1990

Suppression des lois martiales
Les lois martiales décrétées par Pékin contre Lhassa à la suite des manifestations de mars 1989 menées en faveur de l'indépendance du Tibet sont supprimées.

Le début du maccarthysme

En 1950, le sénateur Joseph McCarthy prend la présidence de la commission d'enquête relative aux « agissements antiaméricains ». Ainsi la chasse aux prétendus communistes va-t-elle connaître son paroxysme.

L'histoire de cette commission du Sénat remonte à l'année 1938, quand, à l'initiative du président Franklin Roosevelt, une loi interdit aux fonctionnaires de l'État « toute activité politique subversive ». Deux ans après la fin de la Seconde Guerre mondiale, en 1947, le président Harry Truman décide d'une nouvelle orientation en politique extérieure, destinée à freiner toute progression de l'influence sovié-

Le sénateur Joseph McCarthy montrant les implantations communistes aux États-Unis

tique – et particulièrement en Europe. Sous la responsabilité d'Edgar Hoover, chef du Bureau fédéral de la police criminelle, le FBI mène dans le pays entier une « épuration des éléments jugés antiaméricains ». Plus de 100 000 suspects, détectés dans l'administration, l'industrie, l'économie et les milieux intellectuels comparaissent devant la commission.

L'évolution de la politique internationale attise la peur du communisme. En 1949, Mao Zhé dong chasse le gouvernement de la Chine nationaliste, soutenu par les États-Unis. Dans le domaine atomique, l'URSS rejoint les États-Unis et le début de la guerre de Corée marque, en 1950, un premier sommet de la guerre froide.

C'est dans ces circonstances que les consignes du sénateur républicain du Wisconsin, Joseph McCarthy, trouvent un écho favorable. Le 9 février 1950, il déclare que le ministère des Affaires étrangères compte des traîtres dont l'activité met en danger la sécurité des États-Unis. La même année, il prend la présidence de la commission du Congrès chargée d'enquêtes sur les « agissements antiaméricains » et s'emploie à attiser la peur du communisme.

Les artistes sont plus spécialement visés. À Hollywood circule une « liste noire » et les cinéastes Jules Dassin, Abraham Polonsky, Joseph Losey et Donald Trumbo voient leur carrière brisée. L'acteur John Garfield se suicide. Le dramaturge Arthur Miller, qui expose les abus du maccarthysme dans sa pièce *Les Sorcières de Salem*, déclare avoir l'impression de vivre dans « un pays occupé où

Des stars d'Hollywood, au cours d'une audience de la commission McCarthy. De droite à gauche : Lauren Bacall, Humphrey Bogart, June Havoc, Evelyn Keyes et Danny Kaye (au deuxième rang)

tous, sans exception, peuvent être espions à la solde de pays hostiles ». Cette chasse aux sorcières vise surtout ceux qui remettent en cause les valeurs de la société américaine.

McCarthy, cependant, n'a jamais pu fournir des preuves de toutes ses accusations. La comparution du général Ralph Zwicker ouvre un conflit avec l'armée. Les militaires accusent alors McCarthy d'avoir tenté d'obtenir l'exemption du service armé pour un de ses collaborateurs. En outre, on lui reproche d'avoir refusé d'indiquer au Sénat le montant de ses impôts et d'avoir traité de façon déshonorante des prévenus au cours d'auditions.

Le 2 décembre 1954, McCarthy est blâmé par le Sénat. Il accuse alors publiquement de forfaiture le président Eisenhower qui le limoge. Ainsi s'achève l'ère du maccarthysme, un des chapitres les plus sombres de l'histoire américaine.

Les intellectuels et le maccarthysme

1889-1977
Charlie Chaplin

L'acteur et réalisateur d'origine britannique, créateur de Charlot, archétype du « petit homme » qui milite contre l'oppression de la société et pour la liberté individuelle, vivait aux États-Unis depuis 1913. Il s'installe en Europe à partir de 1952, à l'occasion d'un voyage pour le lancement de son film *Les Feux de la rampe*. La raison en a été l'annonce officielle de sa comparution devant la commission chargée des « activités antiaméricaines ».

Charlie Chaplin, lors de sa comparution devant la commission

1894-1961
Dashiell Hammet

L'écrivain crée en 1930 dans son roman *Le Faucon maltais* le personnage du détective endurci et discret qui exercera une influence considérable sur le roman policier américain. En 1951, il refuse de s'exprimer devant la commission McCarthy et est interné jusqu'en 1952.

Dashiell Hammett (au second plan)

Né en 1909
Elia Kazan

Le metteur en scène, spécialiste de littérature américaine contemporaine, qui a lancé des acteurs tels que Marlon Brando et James Dean, doit répondre devant la commission McCarthy, en 1952, de son passé communiste. À l'encontre de beaucoup de ses collègues qui refusent toute collaboration, il dénonce de nombreux réalisateurs de films qu'il avait connus au temps de son adhésion au parti communiste.

Elia Kazan

Né en 1915
Arthur Miller

Au début des années 50, la critique de la société par cet auteur dramatique américain met en scène les autorités. Dans son drame *Les Sorcières de Salem*, il raconte l'histoire des habitants d'une ville, incités par les apôtres de la morale puritaine à poursuivre leurs voisins dans une chasse effroyable entraînant dénonciations et hystérie collective. Miller est soupçonné de soutenir le communisme. Il refuse de s'exprimer devant la commission et se voit infliger une peine d'un an de prison avec sursis, pour avoir méprisé ladite commission.

Arthur Miller

À la conquête du toit du monde, l'Annapurna et l'Everest

Tous les alpinistes rêvaient de gravir l'Everest, le sommet le plus haut du monde, situé dans l'Himalaya. Le 3 juin 1950, les Français Herzog, Lachenal et Terray vaincront l'Annapurna, premier 8 000, avant que, le 10 mars 1953, Edmund Hillary atteigne le toit du monde.

La montagne située à 8 848 m au-dessus du niveau de la mer à la frontière du Tibet et du Népal – que les Népalais désignent sous le nom de *Sagarmatha*, « roi du ciel » – exerce depuis toujours une grande fascination sur les alpinistes. C'est en 1921 qu'une expédition britannique entreprend pour la première fois de l'escalader à partir du Tibet.

En 1922, les alpinistes emportent pour la première fois de lourdes bouteilles contenant de l'oxygène. Grâce à cette réserve, deux Anglais – George Finch et Geoffrey Bruce – parviennent à une altitude de 8 326 m. Une nouvelle tentative en juin de la même année échoue également ; sept hommes trouvent la mort dans une avalanche.

Maurice Herzog (à gauche) et Louis Lachenal, lors de leur expédition sur l'Annapurna en 1950. Herzog est le premier alpiniste à conquérir un sommet de plus de 8 000 m.

Fin mars 1924, une immense caravane comportant 350 chevaux, mulets et yacks se met en route de Darjeeling jusqu'au camp de base. À partir du sixième camp, situé à 8 169 m d'altitude, les Anglais Edward Felix Norton et T. Howard Sommervell tentent d'atteindre le sommet. Sommervell doit bientôt abandonner l'ascension à cause de violents maux de gorge ; Norton continue de grimper seul. À 8 573 m – une altitude à laquelle aucun homme n'est jusqu'alors parvenu – il abandonne lui aussi. Deux de ses collègues, Andrew Irvine et George H. Leigh Mallory disparaissent au cours de cette même expédition.

Le 3 juin 1950, les alpinistes français Maurice Herzog et Louis Lachenal atteignent le sommet de l'Annapurna (8 078 m), première cime de plus de 8 000 m à avoir été vaincue. La descente sera dramatique. Maurice Herzog, souffrant de nombreuses gelures, devra être amputé de la plupart de ses phalanges.

Quant à l'Everest, ce sera seulement la onzième tentative qui aboutira au succès tant convoité. Le 10 mars 1953, une expédition quitte Katmandou, la capitale népalaise, sous la direction du colonel John Hunt. Il est accompagné de 350 porteurs chargés de 8 tonnes de bagages. Une première équipe doit abandonner en raison de problèmes de ravitaillement et d'un manque d'oxygène qui lui interdit de poursuivre l'ascension. Après avoir atteint le sommet sud

Norgay Tensing (à gauche) et Edmund Hillary

(8 754 m), l'alpiniste néo-zélandais Edmund Percival Hillary, un apiculteur de 33 ans, et le sherpa Norgay Tensing prennent le chemin du sommet. Norgay Tensing est un familier de l'Everest : un an auparavant, il avait atteint une altitude de 8 595 m avec une expédition suisse.

Le 28 mai, ils rejoignent leur camp situé sur l'arête sud-est ; le lendemain, ils atteignent le sommet sud par beau temps. Désormais, le dernier obstacle qui se dresse devant eux est l'arête du sommet extrêmement raide. Son ascension va rendre les deux hommes célèbres. La reine d'Angleterre Elisabeth II, couronnée la même semaine, anoblit Hillary et le chef de l'expédition John Hunt.

Les grandes ascensions du xxe siècle

27 juillet 1938

Face nord de l'Eiger (3 975 m)
Les alpinistes autrichiens Fritz Kasparek et Heinrich Harrer, ainsi que les Allemands Andreas Heckmair et Ludwig Vörg, sont les premiers à franchir la face nord de l'Eiger, dans les Alpes bernoises, et à atteindre son sommet par cette voie. L'ascension aura duré en tout trois jours et demi.

Maurice Herzog (à gauche) félicitant un membre de l'expédition d'Hillary

31 juillet 1953

Nanga Parbat (8 125 m)
Dans le cadre d'une expédition germano-autrichienne, l'Autrichien Hermann Buhl parcourt seul les derniers 1 300 mètres de dénivelé qui le séparent de ce sommet de l'Himalaya occidental. De 1895 à 1953, 31 personnes sont mortes en essayant de gravir le neuvième plus haut sommet du monde.

Hermann Buhl

31 juillet 1954

K2 (8 611 m)
Une grande expédition italienne réussit l'ascension du K2, le deuxième sommet du monde. Au bout de 40 jours, Achille Compagnoni et Lino Lacedelli parviennent à la cime. Le K2 passe pour être le sommet le plus difficile, mais également le plus beau des plus de 8 000 m.

18 mai 1956

Lhotse (8 516 m)
Les Suisses Fritz Luchsinger et Ernst Reiss sont les premiers à gravir ce sommet de l'Himalaya. Luchsinger meurt en 1983 dans un accident dans le Shisha Pangma. Lors de la huitième escalade du Lhotse, le 16 octobre 1986, Reinhold Messner, originaire du Tyrol du Sud, parvient à la cime. Messner devient ainsi le premier alpiniste à avoir gravi les 14 sommets de plus de 8 000 m. En 1978, Messner est également le premier à avoir gravi le mont Everest sans bouteilles d'oxygène.

Reinhold Messner

20 juin 1986

Le Broad Peak en 23 heures
L'alpiniste français Benoît Chamoux atteint le sommet du Broad Peak (8 047 m) en 23 heures, aller et retour, à partir du camp de base situé à 4 900 m. Il disparaîtra dans l'Himalaya en 1995.

Benoît Chamoux

Début de la guerre d'Indochine

L'invasion par les Japonais des possessions françaises, britanniques et néerlandaises en Asie sonne la fin des empires coloniaux. Les Asiatiques prennent conscience que les Européens ne sont plus invincibles.

L'arrivée des Français en Indochine remonte à 1858 avec la prise de Tourane. Suivent diverses occupations et explorations. En 1873, Garnier entre au Tonkin. En 1883, le protectorat est établi sur l'Annam et le Tonkin, et en 1884 sur le Laos.

La période coloniale qui commence alors est marquée, à partir de 1920, par des troubles et des grèves. La crise de 1929 entraîne une baisse de l'activité économique,

Le négociateur français Sainteny s'entretient avec Hô Chi Minh, en décembre 1946.

la misère, le chômage pour les petits producteurs vietnamiens, les ouvriers et les coolies, et soulève des manifestations antifrançaises. La répression est violente et le Parti communiste indochinois, fondé en 1931 par Nguyên Ai Quoc – le futur Hô Chi Minh – est interdit. La France tente alors, sans succès, d'imposer une monarchie constitutionnelle sous l'autorité de Bao Dai et de son ministre Diem.

Le 30 août 1940, après la défaite française en Europe, un traité franco-nippon accorde des facilités militaires aux Japonais dans la péninsule indochinoise. Le 9 mars 1945, c'est le coup de force : les Japonais déclarent la fin de la souveraineté française.

Dans le delta du Mékong, une patrouille traverse avec précaution le pont qui la mène au village de Tu Trung Nam Thon, où se cachent peut-être des éléments du Vietminh.

Pendant ce temps à Potsdam, sans en avertir la France, les Alliés partagent l'Indochine en deux zones destinées à désarmer les troupes nippones, l'une confiée à la Chine et l'autre à la Grande-Bretagne.

Le 13 août 1945, Hô Chi Minh, fondateur en 1941 d'une nouvelle organisation nationaliste dominée par les communistes, le Viet Minh, déclenche l'insurrection générale. Le 25 août, l'empereur Bao Dai abdique et, le 2 septembre, la République démocratique du Vietnam est proclamée à Hanoï. Le général Leclerc est alors envoyé à Saïgon où il arrive en octobre.

Au cours de 1946 a lieu le débarquement d'un corps expéditionnaire français, constitué de soldats de métier. C'est le début d'une présence militaire qui va durer huit ans.

Dans une première phase, avec la nomination de l'amiral Thierry d'Argenlieu comme haut-commissaire, on assiste à la mise en place de la libéralisation du régime indochinois et à la tentative consistant à l'intégrer

1950

dans l'Union française, selon le vœu du général de Gaulle. Le 6 mars 1946 est signé un accord entre Hô Chi Minh et le représentant de la France Sainteny qui recherche un *modus vivendi*. Mais après le bombardement meurtrier de Haïphong par les Français et le coup de force du Vietminh – Front pour la libération du Vietnam, créé en 1943 – contre Hanoï en décembre 1946, cette politique échoue. La guérilla s'installe. Les Français attaquent au nord du delta, le pourrissement s'étend.

En 1949, après la prise du pouvoir en Chine par Mao Zhé dong, les troupes communistes sont à la frontière du Tonkin. Ce soutien va permettre à Hô Chi Minh de développer sa politique d'indépendance, malgré la ratification en 1950 par l'Assemblée nationale française des accords avec les États dits associés.

C'est l'année du début de la guerre de Corée, celle de l'évacuation de Cao Bang, Laichau et Lao Cai. C'est la fin de la phase « politique ». La phase militaire se terminera par la chute de Diên Biên Phu, en mai 1954.

La politique française en Indochine après 1945

2 septembre 1945

La République du Vietnam

Après avoir obtenu le départ de l'empereur Bao Dai le 25 août 1945, Hô Chi Minh proclame l'indépendance du Vietnam dont il devient le président. Pendant ce temps, la France tente de reconquérir son ancienne colonie en proposant une fédération indochinoise autonome dans l'Union française, malgré les accords Hô Chi Minh-Sainteny du 6 mars 1946, signés alors que le général Leclerc se trouve commandant supérieur des Forces françaises en Indochine. L'objectif de ce dernier est de hâter l'évacuation des troupes chinoises encore présentes dans la région.

Le général Leclerc et Hô Chi Minh dans la citadelle d'Hanoï, le 19 mars 1946

23 novembre 1946

Le bombardement d'Haïphong

À la suite de violents incidents survenus à Langson entre les troupes françaises et les troupes vietnamiennes sous le commandement du général Giap, l'amiral Thierry d'Argenlieu fait bombarder Haïphong. Le bilan est de 6 000 civils tués.

L'empereur Bao Dai et le général de Lattre, en 1951

7 juin 1948

Le retour de Bao Dai

À la suite de l'échec des pourparlers avec Hô Chi Minh et de l'insurrection du Vietminh, le haut commissaire M. Bollaert et l'ex-empereur Bao Dai signent un accord qui reconnaît l'indépendance du Vietnam dans le cadre de l'Union française. Le 17 décembre, c'est au tour du Cambodge de rejoindre l'Union française.

Le général Salan passe en revue les troupes franco-vietnamiennes à Thai Binh, en 1952.

1er décembre 1952

L'opération Lorraine

Lancée par le général Salan pour tenter d'arrêter le général Giap, cette opération menée à la frontière laotienne et réunissant près de 30 000 hommes se solde par un échec et entraîne de lourdes pertes.

8 mai 1954

La chute de Diên Biên Phu

Encerclé par les troupes du général Giap, le camp retranché de Diên Biên Phu au nord-est d'Hanoï, placé sous le commandement du colonel de Castries, capitule. 12 000 Français sont faits prisonniers. Cette défaite sonne le glas de la présence française en Indochine.

Le colonel de Castries dans son PC enterré à Diên Biên Phu, en 1954

L'exécution des Rosenberg

Le 5 avril 1951, Julius et Ethel Rosenberg sont condamnés à mort pour haute trahison. Ils sont accusés d'avoir fourni des renseignements à l'URSS sur la bombe atomique. Ils meurent sur la chaise électrique le 19 juin 1953.

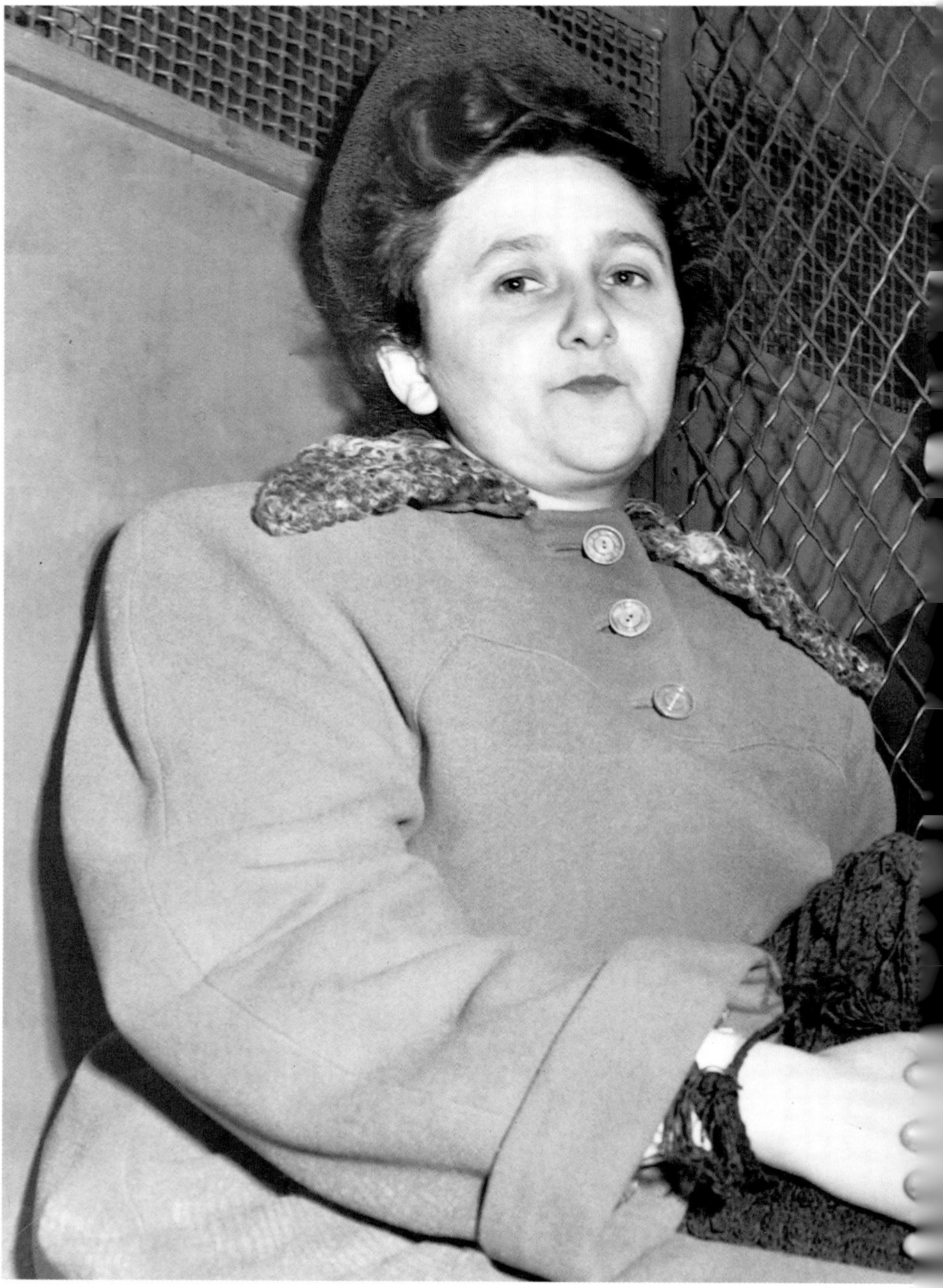

Julius et Ethel Rosenberg sont reconduits à la prison après leur condamnation, le 5 avril 1951.

Les parents de Julius Rosenberg, juifs orthodoxes, avaient espéré que leur fils deviendrait rabbin. Mais pendant ses études d'électrotechnique à New York, il adhère au parti communiste. En 1943, il cesse ouvertement de travailler pour le parti et est recruté par un agent du KGB, Anatoli Jakobiew, pour entrer dans les services secrets soviétiques. Après avoir assumé des tâches sans importance, il se voit chargé de la formation des autres espions.

Manifestation à New York contre l'exécution des Rosenberg, en 1953

Parmi ceux-ci, David Greenglass, frère de sa femme Ethel, travaille comme technicien dans le centre de recherche américain de Los Alamos. Dès la fin de 1944, il renseigne Julius Rosenberg sur l'avancement des travaux concernant la bombe atomique. Il livre à l'URSS des informations sur les installations de la base de Los Alamos et sur le détail des mécanismes d'allumage de la bombe. Ces informations permettent à l'URSS de rattraper l'avance des États-Unis dans l'armement nucléaire.

Durant l'été 1950, les Rosenberg, qu'on soupçonne d'activités d'espionnage, sont arrêtés. Selon la version officielle, ils ont été dénoncés par Greenglass qui trahit ainsi sa sœur et son beau-frère, après avoir été récupéré par le FBI. Les aveux que Klaus Fuchs, chercheur lui aussi à Los Alamos, faits au MI5, le contre-espionnage britannique, après son arrestation en 1948, permettent au FBI de remonter jusqu'à Harry Gold, et de ce dernier à Greenglass qui lui sert d'informateur.

Le 5 avril 1951, le tribunal fédéral de New York condamne le couple Rosenberg à mort. Le juge principal justifie la sentence de la façon suivante : « Ce meurtre volontaire et réfléchi est un acte bien faible en comparaison du crime que vous avez commis. Par votre trahison, vous avez indubitablement changé le cours de l'histoire aux dépens de votre pays. » Quant à Greenglass, en raison de sa coopération avec la justice, il est condamné à une peine de quinze ans de prison.

Une lutte s'engage alors pour

sauver les Rosenberg. Elle durera deux ans. Leur défenseur, Emmanuel Bloch, adresse jusqu'à douze recours ; le tribunal fédéral suprême reprend sept fois le dossier ; par trois fois il faut repousser l'exécution. Deux recours en grâce auprès du président américain Dwight Eisenhower sont rejetés. C'est le 19 juin 1953 que Julius et Ethel Rosenberg meurent sur la chaise électrique de Sing-Sing, la prison de l'État de New York.

En 1995, lorsque la CIA ouvrit les archives de l'année 1944, le dossier contenait une information qui aurait fait taire toutes les polémiques : les dépêches déchiffrées par les Américains prouvaient que Julius Rosenberg avait bien été un espion important, agissant sous le pseudonyme d'Antenne et que sa femme était au courant de ses activités. Lors du procès, le procureur n'avait pas été autorisé à présenter ces documents, car le gouvernement américain ne voulait pas que les Soviétiques apprennent ainsi que leur code avait été décrypté.

Chronologie du dossier Rosenberg

1er mars 1950

Le premier maillon de la chaîne

Un tribunal britannique condamne le savant Klaus Fuchs pour « trahison particulièrement grave » à 14 ans de prison. Au cours du procès, il dénonce Harry Gold.

Klaus Fuchs

9 décembre 1950

Condamnation de Harry Gold

Harry Gold est condamné à 30 ans de prison pour ses activités d'espionnage. Au cours de ses interrogatoires, il charge Greenglass.

6 mars 1951

Procès contre les Rosenberg

Le procès contre Julius et Ethel Rosenberg et contre David Greenglass est ouvert pour espionnage et conspiration. Ce dernier plaide coupable et dénonce sa sœur et son beau-frère.

Harry Gold, menottes aux mains, accompagné de deux agents du FBI

Janvier 1952

Protestation contre la condamnation à mort

Les communistes organisent un comité national pour obtenir la grâce des époux Rosenberg. Le *Daily Worker* écrit : « Le cas des Rosenberg est un complot politique odieux. » Dans les semaines suivantes, beaucoup de non-communistes s'associent à cette campagne. Des manifestations silencieuses sont organisées devant la Maison-Blanche comme devant la prison où se trouvent les Rosenberg.

11 février 1953

Eisenhower refuse la grâce

Le président Eisenhower repousse le recours en grâce des Rosenberg en déclarant : « L'exécution de deux personnes est une affaire très grave ; mais le poids est encore plus lourd, quand on songe aux millions de morts qu'auraient pu entraîner les agissements de ces deux espions. Je refuse d'intervenir dans cette affaire. »

Sing-Sing, la prison de l'État de New York

18 juin 1953

Échec du dernier recours

Le tribunal fédéral suprême annule une décision de la veille, par laquelle le juge William Douglas avait ordonné un nouveau renvoi de l'exécution. Julius et Ethel sont exécutés à sept minutes d'intervalle.

La télévision en couleurs

En juin 1951, CBS diffuse un programme TV en couleurs pendant une heure dans plusieurs villes des États-Unis. Le développement de ce système se fait pourtant attendre, des experts critiquant la qualité du nouveau procédé.

La transmission d'images animées par voie électrique remonte à l'année 1884 avec la mise au point par l'Allemand Nipkow de son disque tournant. Mais le procédé reste une curiosité de laboratoire. Il faudra attendre l'invention du tube cathodique à balayage par Karl Braun au début du siècle, suivie de celle du tube analyseur d'images due à Zworykin en 1923 puis de son iconoscope en 1935 pour que la télévision prenne vraiment son essor.

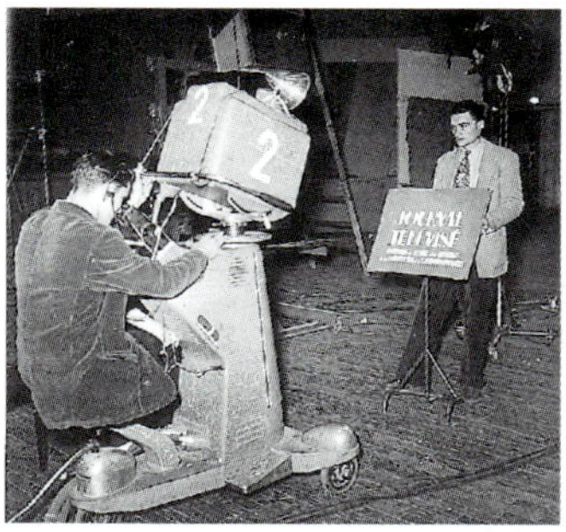

La préparation du journal télévisé est encore très artisanale.

De nombreux travaux, et notamment ceux des Français René Barthélemy et Henri de France améliorent ensuite les techniques et les matériels. Les recherches effectuées à titre militaire pendant la Seconde Guerre mondiale contribueront pour une grande part au développement de la transmission par voie hertzienne des signaux radioélectriques.

Les premiers principes de la télévision en couleur datent de 1929. L'analyse d'une image en trois couleurs primaires et sa synthèse ultérieure posent des problèmes complexes. Des premiers essais sont faits aux États-Unis avec trois tubes noir et blanc devant lesquels est placé un disque tournant comportant des secteurs colorés. Mais le véritable démarrage de cette technique se fera avec l'arrivée des tubes à masque mis au point en 1953.

Parmi les problèmes posés par le développement de la télévision en couleurs se pose celui de la compatibilité avec les émissions en noir et blanc : un même récepteur doit pouvoir recevoir les programmes d'un système comme de l'autre.

Le système proposé par la compagnie américaine CBS, qui émet pour la première fois en 1951, ne répond pas à cette exigence. Les Américains développent alors le procédé NTSC, 525 lignes et 30 images par seconde, alors que l'Europe, pour sa part, met en concurrence deux systèmes, le SECAM, français, et le PAL, allemand, qui fonctionnent tous les deux avec 625 lignes et 25 images par seconde.

Les Japonais, quant à eux, développent un système haute

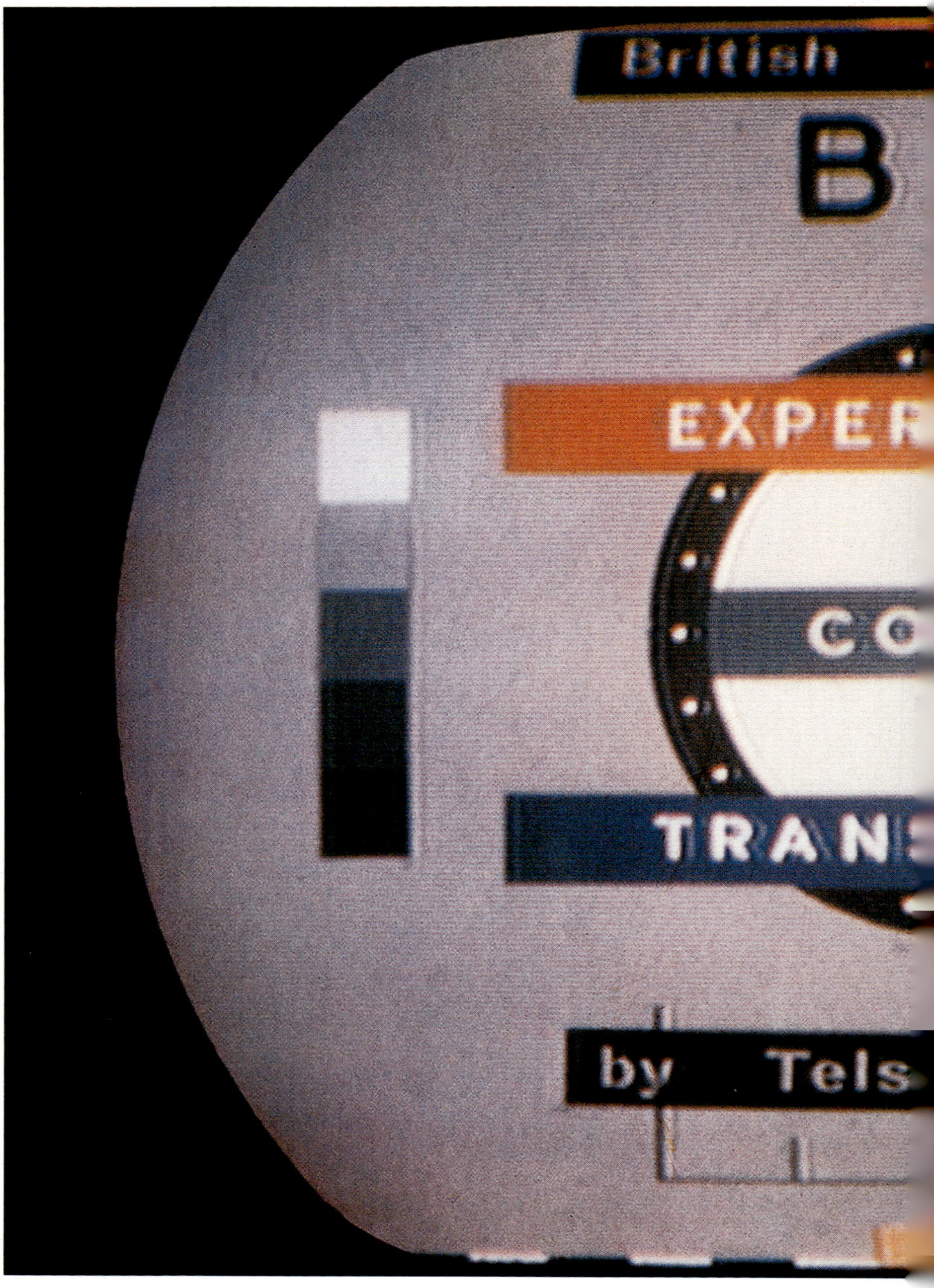

Grâce au satellite de communication Telstar, la transmission d'images TV en couleurs devient également possible au-delà de l'Atlantique : on peut voir cette image test en provenance de Grande-Bretagne captée à New York en 1962.

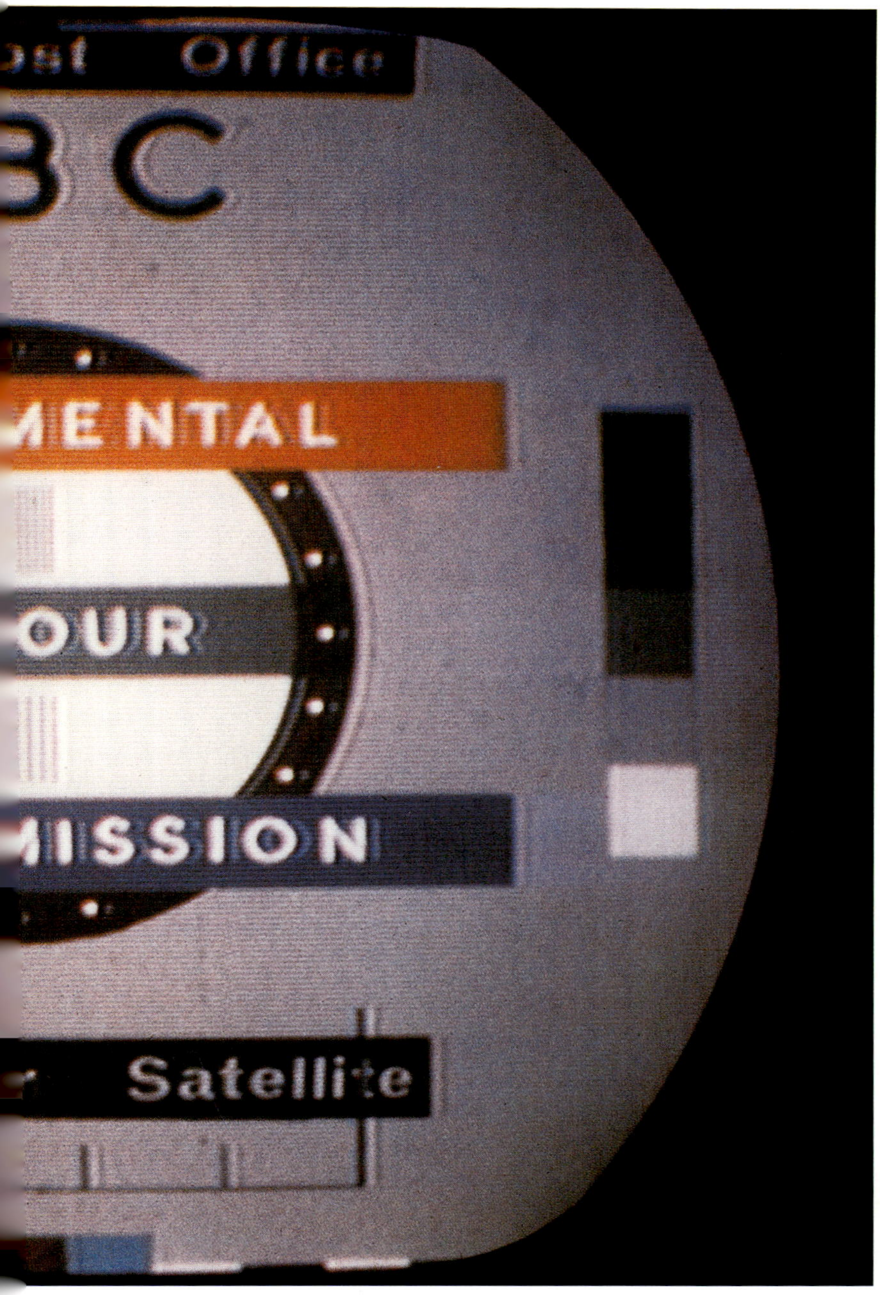

définition à 1 125 lignes, dont l'adoption internationale nécessiterait le remplacement de tous les récepteurs.

La télévision en couleurs ne se développe vraiment en Europe qu'à partir de 1962 pour devenir totalement hégémonique dans les années 80 où plus de 90 % des foyers français possèdent au moins un récepteur.

Les techniques de transmission évoluent également considérablement. De la simple transmission hertzienne faite à partir de relais répartis sur le territoire, on passe en 1962 à la transmission par satellite, nécessitant d'abord d'importantes installations comme celle de Plomeur Bodou près de Lannion pour se satisfaire aujourd'hui d'antennes paraboliques individuelles. Dans le même temps le nombre des chaînes explose, passant de quelques-unes à plusieurs centaines. Chaînes à péage, chaînes cryptées, chaîne thématiques font le bonheur des téléphiles qui doivent aujourd'hui affronter le difficile problème du choix.

Les premiers pas de la télévision

1884

Le disque de Nipkow
Ce scientifique allemand met au point, à l'âge de 23 ans, un analyseur d'images mécanique constitué d'un disque portant une série de perforations disposées en spirale et animé d'un mouvement de perforation rapide. Une cellule photoélectrique unique placée derrière enregistre un signal représentatif de la lumière passant par chacun des trous. Un système analogue, synchronisé avec le premier, recompose l'image.

Paul Nipkow

1897

Le tube de Braun
Le physicien allemand Karl Braun découvre le principe de l'oscillographe à rayon cathodique, avec dispositif de balayage du faisceau. Ce principe est aujourd'hui encore à la base du fonctionnement de tous les tubes de télévision.

1923

L'iconoscope
La découverte par le physicien soviétique Vladimir Zworykin d'un tube analyseur d'images permet d'envisager un système entièrement électromagnétique qui succède au disque optique mécanique de Nipkow.

Catherine Langeais, une des premières présentatrices du journal télévisé en France

1936

Les premiers journaux télévisés
Pour la première fois, la télévision s'ouvre au grand public avec la transmission de véritables journaux télévisés à Londres et à Paris.

1958

L'inventeur du procédé SECAM
Le procédé SECAM, breveté par Henri de France en 1958, est adopté en 1966 par la France, l'URSS et la plupart des pays de l'Est. Dans le même temps, il met au point un tube couleurs d'une fabrication moins délicate que le tube à masque utilisé jusqu'alors.

Henri de France

1989

La télévision par satellite
C'est avec le lancement du satellite de télédiffusion TDF1 que la télévision directe par satellite entre dans sa phase active. Désormais, la diffusion des programmes peut être mondiale.

La reconstruction en France

Au lendemain de la Seconde Guerre mondiale, un million de familles s'entassent dans des logements de fortune et autres baraquements qui ne suffisent pas à les accueillir toutes. Il y a urgence à reconstruire.

Les années 50 sont celles des grands chantiers urbains. On chiffre aux alentours de 460 000 le nombre d'immeubles à usage d'habitation entièrement détruits par les bombardements. Quant à ceux rendus inhabitables, ils représentent plus du double.

Brest, Le Havre, Caen, Saint-Nazaire, Saint-Malo, Lorient, entre autres, sont détruites en grande partie, sinon en totalité. Les architectes désignés pour les reconstruire ont mission de travailler vite.

Reconstruction d'un quartier d'Amiens situé près de la cathédrale, en 1950

Ces reconstructions massives offrent à la plupart d'entre eux – Auguste Perret pour Le Havre, Jean-Baptiste Mathon pour Brest, Marc Brillaud de Laujardière pour Caen – l'opportunité de penser une planification urbaine rompant délibérément avec le passé. Ils dessinent des cités aux axes ordonnancés, fonctionnels, autour des monuments restés debout, quand il en reste. La vieille ville de Saint-Malo est une des rares à échapper au quadrillage généralisé des cités reconstruites. Louis Arretche, ancien élève de l'École nationale supérieure des Beaux-Arts, la rebâtit en répondant au souhait de nombreux Malouins qui veulent retrouver les traits de leur ancienne ville dans la nouvelle.

À Lorient, en revanche, le polytechnicien Georges Tourry laisse à ses architectes, appartenant à des écoles diverses, une telle liberté que l'on a pu depuis qualifier cette ville de « véritable répertoire de toutes les tendances de l'architecture des années 50 ». À Marseille, Le Corbusier achève en 1952 la construction de la « Cité radieuse ».

Les bâtisseurs de l'urgence ont à l'époque un nouvel allié de poids : le béton armé. Depuis son invention en 1850, et sa timide apparition dans l'architecture moderne dès 1920 sous l'influence de pionniers comme Le Corbusier, il devient au cours des années 50 l'un des matériaux de construction les plus utilisés. À Brest, certains se souviennent avoir pleuré en quittant, pour rejoindre un immeuble de béton,

Le nouvel Hôtel de ville du Havre construit par Perret et Audigier, en 1957

leur baraque de l'une des vingt-cinq cités provisoires qui abritaient les sinistrés : « Les familles s'y étaient organisées en villages; pour nous les gosses, c'était la liberté au grand air, la guerre des boutons chaque jour. La perspective des HLM faisait peur. »

Pour d'autres, les HLM ne sont pas vécues comme des cages de béton. C'est au contraire l'accession au luxe que représentent l'eau chaude, la douche, le chauffage central. Mais tous les habitants relogés ont un point en commun : ils ne reconnaissent plus « leur » ville. Même les îlots qui ont échappé aux bombardements et aux projets de restructuration des urbanistes leur semblent étrangers, sans lien avec les nouveaux ensembles. Il va falloir apprendre à vivre dans les nouvelles cités qui sortent de terre, les apprivoiser, leur donner une âme.

C'est un problème que l'on retrouvera dans les villes nouvelles des années 60, et qui perdure encore aujourd'hui.

La reconstruction après la Seconde Guerre mondiale

Après 1945

Berlin

Hans Scharoun, un des protagonistes de l'architecture expressionniste depuis les années 20, devient le premier urbaniste de Berlin après la Seconde Guerre mondiale. Son principal objectif est de reconstruire des habitations et des logements sociaux. Des différences fondamentales apparaissent rapidement entre l'Est et l'Ouest : tandis que l'on préfère un style évoquant les monuments historiques dans le vieux centre de Berlin désormais doté de la Stalinallee (1952-1958), l'Ouest mise sur le néo-classicisme avec l'exposition d'architecture internationale qui se tient en 1957 dans le quartier de la Hanse.

La Stalinallee à Berlin

Après 1945

Hiroshima

La mairie datant de 1928 est le seul monument historique de la ville de Hiroshima, fondée en 1589, qui ait résisté à l'explosion de la bombe atomique du 6 août 1945. Trois autres monuments sont restaurés pour rappeler l'ancienne signification du lieu : la tour militaire et le château fort (XVIe siècle), ainsi que les jardins du XVIIe siècle. La reconstruction donne naissance à une ville moderne.

Hiroshima, dix ans après le lancement de la bombe atomique

Après 1945

Le Havre

L'architecte français Auguste Perret, qui a contribué de façon décisive aux constructions en béton armé au début du siècle, entreprend de planifier la reconstruction du Havre. Contrairement aux solutions adoptées dans d'autres métropoles détruites, Perret ne s'oriente pas vers le concept de « paysage urbain ». Les habitations en pierre bâties dans le centre de la ville, de tradition baroque dans leurs armatures, typiques de son style, en sont l'exemple probant.

Le port du Havre, en 1954

Après 1945

Danzig

Comme la vieille ville de Varsovie, entièrement détruite, Danzig est sévèrement touchée lors de la Seconde Guerre mondiale. L'église Sainte-Marie qui pouvait accueillir 25 000 fidèles, est reconstruite dans les années 50. Les 36 chapelles attenantes sont rebâties d'après les plans d'origine.

Les ruines de l'église Sainte-Marie à Danzig, en 1946

La maîtrise de la fission nucléaire

Le 21 décembre 1951, le réacteur de recherche EBR I à Arco, Idaho, monte en puissance pour la première fois et produit de l'électricité à partir de l'énergie tirée de la fission du noyau atomique.

Le programme *Atoms for Peace*, présenté aux Nations unies le 8 décembre 1953 par le président américain Dwight Eisenhower, reflète les espoirs placés au cours des années 50 dans l'utilisation civile de la puissance nucléaire. À côté de la course aux armements atomiques menée par les grandes puissances, les ingénieurs cherchent à maîtriser le phénomène

Le réacteur nucléaire d'Arco, dans l'Idaho (États-Unis)

de la fission nucléaire afin d'offrir à l'humanité une nouvelle source d'énergie, alors que, jusqu'ici, les recherches avaient été principalement tournées vers des objectifs militaires.

Treize ans seulement après la découverte par Otto Hahn de la fission de l'atome (en 1938), un appareil expérimental – appelé réacteur et fondé sur ce principe – produit pour la première fois du courant électrique : cela se passe à Arco, aux États-Unis. Cette réalisation ouvre la porte au développement des centrales industrielles dès le début des années 60.

Toutes les centrales produisant de l'électricité fonctionnent selon le même principe : de l'eau est transformée en vapeur dans une chaudière, vapeur qui entraîne une turbine couplée à un générateur. Celui-ci convertit l'énergie cinétique de la turbine en énergie électrique.

La chaudière est jusqu'alors alimentée par du charbon ou du fuel. À partir du moment où l'on maîtrise la fission des noyaux atomiques et la réaction en chaîne qui s'ensuit, on peut utiliser la chaleur ainsi dégagée pour produire de la vapeur. Certains atomes tels ceux de l'uranium 235 se « cassent » naturellement en libérant des neutrons et de l'énergie sous forme de rayonnement. Lorsque ces neutrons rencontrent d'autres atomes d'uranium, ils les brisent à leur tour, créant ce que l'on appelle une réaction en chaîne et un dégagement de chaleur. Le problème consiste donc à contrôler la réaction et à récupérer la chaleur. Pour augmenter les chances de collision entre un atome et un neutron,

La centrale expérimentale d'Arco, dans l'Idaho (États-Unis), est la première installation à produire de l'électricité à partir de la fission de l'atome.

il faut ralentir ce dernier : c'est le rôle du modérateur. Pour contrôler la réaction, il faut pouvoir absorber les neutrons en surnombre, c'est le rôle des barres de contrôle, constituées de métaux capables de les absorber, tels le bore ou le cadmium. Reste à récupérer la chaleur : c'est le rôle du fluide caloporteur qui peut être gazeux (gaz carbonique aujourd'hui abandonné) ou liquide.

De nos jours, la plupart des réacteurs fonctionnent selon deux principes – les réacteurs à eau bouillante et les réacteurs à eau pressurisée – dans lesquels l'eau joue à la fois le rôle de modérateur et celui de caloporteur.

Au milieu des années 90, environ 430 centrales atomiques sont en activité dans une trentaine de pays, produisant un sixième de l'électricité mondiale. Grâce à la fission nucléaire, et malgré les problèmes qu'elle pose au niveau de la sécurité et du traitement des déchets, l'avenir énergétique de notre planète peut être considéré avec confiance.

Le développement des réacteurs en France

1956

Réacteurs à uranium naturel-graphite-gaz
Le premier réacteur français de ce type est construit à Marcoule. Il est essentiellement destiné à produire le plutonium nécessaire à la fabrication des bombes A. Il est arrêté en 1968.

La centrale de Marcoule

1963

Les centrales gaz-graphite
La première centrale industrielle française est construite à Chinon, sur les bords de la Loire. Elle réunit trois réacteurs comportant un modérateur en graphite dans lequel sont introduits des éléments d'uranium refroidis par du gaz carbonique. En raison de son faible rendement, ce système d'origine française sera abandonné.

Chinon

17 avril 1967

Réacteurs à eau pressurisée (REP)
La première centrale française à eau pressurisée est mise en service à Chooz, dans les Ardennes. Elle ouvre la voie à la majorité des centrales françaises. 54 d'entre elles relèvent de cette filière.

31 août 1973

Réacteurs surgénérateurs
Ce type de réacteur produit plus de combustible qu'il n'en consomme en utilisant comme modérateur un élément fissile, le plutonium. Les technologies sont délicates, ces installations étant refroidies par du sodium fondu. La France met en service Phénix en août 1973, et Super Phénix 13 ans plus tard, situé près de Creys-Malville sur le Rhône, qui doit développer une puissance de 1 200 MW. Mais l'exploitation est arrêtée à la suite d'un certain nombre d'incidents techniques. Cette filière pose autant de problèmes politiques que techniques. Super Phénix est abandonné en 1998 sous la pression des Verts.

Super Phénix

1977

Mise en service de la centrale de Fessenheim (REB)
En 1969, la France opte pour la filière à eau bouillante. La première centrale de ce type, d'une puissance de 900 MW, est construite sur les bords du Rhin, à Fessenheim. Elle sera suivie de nombreuses autres.

Fessenheim

L'apogée du western

Le célèbre western de Fred Zinnemann, *Le train sifflera trois fois* (1952), marque l'apogée du genre : Gary Cooper obtient l'oscar du meilleur acteur pour son interprétation du shérif Kane.

L'aiguille de la pendule égrène les secondes. Le shérif Kane attend. Quatre hors-la-loi doivent arriver par le train de midi. Trois coups de sifflet signalent son entrée en gare. C'est la dernière fois que Kane se bat. Il a promis à sa fiancée Amy – Grace Kelly – d'abandonner son dangereux métier. Il est seul. Par peur, aucun des habitants de la ville ne veut l'aider. Le temps s'écoule inexorablement.

Charles Bronson dans le western de Sergio Leone *Il était une fois dans l'ouest*, en 1968

Le train sifflera trois fois respecte toutes les règles du genre : le shérif loyal sort vainqueur du combat, contre toute attente, aidé par sa femme adepte de la non-violence qui, par conviction religieuse, condamne tout meurtre. Elle sauve cependant son mari par amour, en tuant le renégat qui s'apprêtait à l'abattre.

Le film de Zinnemann, applaudi par la critique lors de sa sortie, reste le modèle parfait d'un genre cinématographique qui a marqué son époque. La distribution exceptionnelle jusque dans les plus petits rôles, ainsi que la musique de Dimitri Tiomkin – tout le monde connaît l'air de « Si toi aussi tu m'abandonnes... » – ne sont pas les seuls éléments de ce succès ; la mise en scène, l'usage du noir et blanc à une époque où la couleur est reine, renforcent le côté dramatique de l'histoire.

Alors que les westerns classiques sont dominés par des scènes d'action comportant poursuites à cheval, déploiements d'Indiens et fusillades, Zinnemann opte pour l'intériorité. C'est dans les toutes dernières minutes que les armes parlent : le temps qui s'écoule est le seul facteur qui fait monter la tension. L'action se déroule en temps réel et le spectateur ne peut que s'identifier au héros.

Zinnemann insiste sur l'écoulement du temps en montrant des images d'horloges qui rythment le déroulement des deux actions parallèles : d'un côté le shérif abandonné par les habitants de la ville qui, l'un après l'autre, se retirent ; de l'autre, les trois hommes qui attendent à la gare, l'arrivée de leur chef, récemment

Gary Cooper, alias shérif Kane, en route pour le célèbre duel du film *Le train sifflera trois fois*

sorti de prison et qui vient se venger de celui qui l'y a enfermé.

Depuis les années 30, Gary Cooper incarne parfaitement pour le public le héros de western. Son interprétation – pour laquelle il reçoit un oscar et un *golden globe* – contribue largement au succès du film.

Le western, un genre typiquement américain car nourri du mythe de la conquête de l'Ouest, tente les plus grands réalisateurs : John Ford, Howard Hawks, Henry Hattaway ou Raoul Walsh produisent des films inoubliables. À partir de 1950, le western s'intellectualise. Des metteurs en scène tels Arthur Penn, Sydney Pollack ou Clint Eastwood remettent en cause la légende dorée des grands espaces et démythifient un certain nombre de héros, donnant souvent le beau rôle aux Indiens. Après 1970, la production du western américain s'éteint peu à peu, laissant place à d'autres genres plus populaires.

Les interprètes célèbres de héros de western

1901-1961

Gary Cooper

Après avoir été guide au parc de Yellowstone puis dessinateur dans des journaux locaux et figurant à Hollywood, Gary Cooper réussit une brillante carrière. Ayant pourtant joué dans de nombreuses comédies et mélodrames, il devient célèbre grâce aux westerns, notamment *Cœurs brûlés* (1930), *Le Cavalier du désert* (1940), *Vera Cruz* (1954), *La Colline de la potence* (1959).

Gary Cooper

1905-1982

Henry Fonda

Cet acteur aux multiples facettes a parfois tenu des rôles antipathiques, mais il incarne avec ses yeux bleus au regard franc l'homme fort et intègre. Il tourne avec John Ford dans *La Poursuite infernale* en 1946. En 1968, il tourne dans le western de Sergio Leone *Il était une fois dans l'Ouest*. Durant la guerre, il sert avec distinction dans la marine.

Henry Fonda

1907-1979

John Wayne

Wayne incarne les héros de western endurcis et individualistes, dotés des vertus des pionniers américains. Ses meilleurs films sont issus de sa collaboration avec John Ford, *La Chevauchée fantastique* (1939), *Rio Grande* (1950). En 1959, il tourne *Rio Bravo* avec Howard Hawks. Dans les années 60 et 70, John Wayne tourne dans des films de guerre très durs.

John Wayne

1908-1997

James Stewart

James Stewart joue dans de nombreux westerns très célèbres : *La Flèche brisée* (1950), *Winchester 1973* (1950) et *L'Homme de Laramie* (1955). Il incarne toujours l'homme loyal qui reste fidèle à ses idéaux.

James Stewart

Né en 1925

Paul Newman

Newman renouvelle à la fin des années 50 le héros de western, auquel il prête les traits d'un jeune rebelle. C'est le cas dans *Le Gaucher* (1958), la plus brillante des biographies de Billy le Kid, et onze ans plus tard dans le succès *Butch Cassidy et le Kid*, avec Robert Redford.

L'Atlantique en radeau

Pour démontrer qu'un naufragé peut survivre en buvant modérément de l'eau de mer et en se nourrissant de poissons, un jeune médecin décide de traverser l'Atlantique sur un canot pneumatique avec seulement une ligne et un hameçon.

Alain Bombard, considéré comme l'un des pionniers français de l'écologie, est surtout connu pour l'exploit qu'il a réalisé seul à bord d'un canot de sauvetage auquel il a donné son nom.

Il a 27 ans en 1952, lorsqu'il entreprend de traverser l'Atlantique à bord d'un canot pneumatique, sans vivres et sans eau, seulement muni d'une ligne et d'un hameçon.

Alain Bombard et Jack Palmer avant leur départ, à Monaco

Interne à l'hôpital de Boulogne-sur-Mer, le jeune étudiant en médecine est confronté aux problèmes de survie des naufragés, mourant de faim et d'épuisement plus souvent que de noyade. Ses recherches au centre océanographique de Monaco lui permettent ensuite de mettre au point sa théorie : on peut survivre en buvant modérément de l'eau salée pour lutter contre la déshydratation. L'eau douce, nécessaire, est fournie en pressant les poissons dont elle constitue les trois quarts du poids. Le plancton apporte la vitamine C, et la chair de poisson, les autres éléments indispensables.

À l'époque, on estimait qu'au-delà de dix jours, un naufragé n'avait aucune chance de survivre. Dans l'incrédulité générale, Bombard décide de se livrer lui-même à une expérience, en s'embarquant sur *L'Hérétique*, un canot pneumatique de 4,60 m sur 1,90 m, gréé d'une petite voile. La première tentative le mène en 17 jours de Monaco à Tanger, en compagnie du Britannique Jack Palmer qui abandonne là l'expérience. Alain Bombard continue seul. Il gagne les Canaries en 32 jours. La dernière étape, la plus longue, le conduit en 64 jours de Las Palmas à la Barbade où il arrive épuisé le 23 octobre, squelettique, mais bien en vie.

L'Hérétique devient le modèle d'un canot pneumatique commercialisé par la firme Zodiac, sous le nom de Bombard. Le récit que fera Alain Bombard de son aventure, *Naufragé volontaire*, est un best-seller et se trouve à l'origine de nombreux règlements internationaux en matière d'équipement de survie.

Le scientifique est cependant violemment critiqué lorsque, en octobre 1958, le canot sur lequel il effectue une démonstration en

***L'Hérétique* échoué sur une plage de la Barbade après l'arrivée d'Alain Bombard**

compagnie de volontaires se retourne en pleine tempête, sur la barre d'Étel, dans le Morbihan. Neuf personnes y trouvent la mort.

Bombard poursuit cependant ses recherches en étudiant à bord de son voilier, le *Coryphène*, la physiopathologie du marin. Mais c'est essentiellement contre la pollution des mers qu'il livre ensuite son principal combat, en s'intéressant tout particulièrement au problème des déchets radioactifs. Il donne un cadre politique à son action.

Nommé en 1975 rapporteur spécial du parti socialiste pour l'écologie, élu député du Var en 1979, Alain Bombard est secrétaire d'État puis ministre de l'Environnement entre 1981 et 1983.

Aujourd'hui, il tire surtout sa fierté de recevoir chaque année, dans sa retraite de Bandol, des centaines de lettres de rescapés de la mer – ou même de la montagne – qui lui disent avoir puisé dans son expérience et dans ses écrits la force de survivre.

Quelques folles traversées

1923

Alain Gerbault

En 1923, le défi d'un polytechnicien romantique de 30 ans passionne la France et provoque le scepticisme des marins chevronnés. Abandonnant vie mondaine et tournois de tennis, Alain Gerbault va pourtant gagner son pari fou sur un cotre de 11 m, le *Firecrest*. Il est le premier navigateur à traverser en solitaire l'océan Atlantique d'est en ouest, par le sud.

Alain Gerbault

1928

Capitaine Romer

Vingt-quatre ans avant Alain Bombard, l'Allemand Romer tente, en 1928, de vaincre seul l'Atlantique sur une embarcation de sauvetage, un kayak pliant muni d'une petite voilure de secours. Durant trois mois, il pagaie entre les Canaries et les Antilles, les jambes rongées par l'eau de mer qui envahit le kayak. Après plusieurs semaines d'hospitalisation dans l'île de Saint-Thomas, et contre toute attente, il reprend la mer pour rallier New York qu'il n'atteindra jamais. Il n'a réussi que partiellement la démonstration qui lui a coûté la vie.

1980

Gérard d'Abboville

Dans le sens États-Unis-France, en 1980, le navigateur solitaire français traverse l'Atlantique à la rame, en 71 jours et 23 h, sur un canot en bois de 5,60 m de long. Entre cap Cod (États-Unis) et Brest, il subit cinq naufrages. En 1991, toujours à la rame, il traverse le Pacifique en 4 mois et 10 jours sur *Sector*, une embarcation de 8 m de long et de 1,80 m de large.

Gérard d'Abboville à Ilwaco le 21 novembre 1991, après sa traversée du Pacifique à l'aviron

1992

Guy Delage

Après l'exploit, en 1992, de sa traversée de l'Atlantique Sud en ULM pendulaire, c'est à la nage que Guy Delage s'attaque à l'Atlantique en février 1995. Il réussit, en 56 jours, à parcourir 4 500 km entre les îles du Cap-Vert et la Barbade, aux Antilles, avec la seule aide d'un radeau sur lequel il se laisse dériver durant de brefs moments de repos.

Guy Delage à son arrivée à La Barbade, le 8 février 1995

La révolte des Mau-Mau au Kenya ébranle l'Empire britannique

C'est en décrétant l'état d'urgence qu'en 1952 la puissance coloniale des Britanniques réagit à la terreur des sociétés secrètes du Kenya, appelées Mau-Mau. Jomo Kenyatta, considéré comme le chef de la rébellion, est condamné à sept ans de prison.

Sous le terme de Mau-Mau, les Britanniques regroupent des sociétés secrètes des Kikuyus, un des peuples bantous du Kenya. À vrai dire, cette organisation est très disparate. Elle réunit ceux dont l'objectif est de briser la suprématie des colonialistes par la violence, et de conquérir l'indépendance. La population de ce pays s'élève, au moment de son indépendance, a environ 3,5 millions d'habitants, parmi lesquels on ne compte seulement que 30 000 colons blancs.

Dès 1948, les Africains lancent des actions terroristes contre les Blancs ainsi que contre les Noirs qui les soutiennent. À la suite de ces attentats, la Grande-Bretagne proclame, en octobre 1952, l'état d'urgence dans cette colonie de l'Afrique orientale. Les heurts qui surviennent alors entre les forces de police et les partisans kikuyus font 15 morts et 27 blessés. Six mois plus tard, lors d'une agression contre une colonie indigène, des terroristes tuent plus de 150 personnes. En dépit de tous leurs efforts, les Britanniques ne parviennent pas à étouffer la rébellion.

Un Kikuyu en conversation avec un policier kenyan

En 1953, ces derniers renforcent leurs troupes au Kenya et enrôlent les colons blancs dans la lutte armée. Au milieu de l'année, ils détiennent dans des camps 83 000 Kikuyus suspects et exécutent au moins 1 000 d'entre eux. En 1954, ils remportent un premier succès en capturant Waruhiju Itote, un des chefs du mouvement clandestin. Condamné à mort, ce dernier est gracié sous condition de ramener ses compagnons de combat à la raison. Mais ce plan échoue.

Parallèlement à la lutte militaire, la puissance coloniale renforce la répression contre l'opposition politique. Un de ses chefs les plus influents, Jomo Kenyatta, se trouve déjà derrière les barreaux. Depuis 1947, il dirige le mouvement anticolonialiste du KAU (Kenya African Union). C'est alors l'unique organisation politique des Noirs, qui réunit 100 000 membres. Les Britanniques le tiennent comme principal responsable de la révolte des Mau-Mau.

Jomo Kenyatta

L'homme politique, qui a passé la plus grande partie de son temps en Grande-Bretagne – de 1929 à 1947 – est devenu pour les Kenyans la figure symbolique de la lutte en faveur de l'indépendance. En outre, il est considéré comme l'un des pionniers de la libération des peuples africains.

Ce n'est qu'en octobre 1956 que les Britanniques parviennent à mater la révolte dans le sang. Les autorités lèvent alors l'état d'exception et préparent la transmission du pouvoir aux Africains. En 1960, Jomo Kenyatta devient le président de la KANU (Kenya African National Union) et sort son pays de la dépendance coloniale. En 1963, il atteint son but : le 13 décembre, Kenyatta devint le premier président d'un Kenya indépendant.

La révolte des Mau-Mau marque le début des luttes contre les puissances coloniales qui s'amplifieront dans les années 60.

Le déclin de l'Empire britannique

1910

L'Union sud-africaine
Le Cap, le Transvaal, l'Orange et le Natal fusionnent pour former l'Union sud-africaine avec statut de dominion. En 1902, l'Empire britannique, alors au sommet de sa puissance après sa victoire sur les Boers, fait de ces républiques une colonie de la Couronne. La Constitution de l'Union sud-africaine refuse le droit de vote à la population noire qui représente cependant la majorité du pays

Louis Botha, premier Premier ministre de l'Union sud-africaine, en 1910

1918

L'influence de l'Empire décroît
Comme les autres puissances industrielles européennes, la Grande-Bretagne souffre des conséquences de la Première Guerre mondiale. Le bouleversement politique et économique de l'Europe est une des conséquences des quatre années de conflit. Certes, l'Angleterre se trouve parmi les vainqueurs, mais elle perd sa position dominante au profit des États-Unis.

Avec Balfour, ministre des Affaires étrangères, la puissance de l'Empire britannique s'affaiblit.

1947

Le succès de Gandhi
Après la lutte infatigable et non violente du Mahatma Gandhi contre la puissance coloniale britannique en Inde, s'achève la suprématie européenne de 190 ans sur cette région du monde. Lord Louis Mountbatten, dernier vice-roi des Indes, remet au président Jawaharlal Nehru le document officiel de l'indépendance. Après le retrait des Britanniques du continent indien, deux États indépendants se forment, un État hindou, l'Inde, et un État musulman, le Pakistan.

Le Mahatma Gandhi (au centre) lors de la conférence de Londres, en 1947

1980

L'indépendance de la Rhodésie
Après avoir été soumise pendant 90 ans à l'autorité britannique, la Rhodésie accède à l'indépendance sous le nom de Zimbabwe. La Grande-Bretagne perd ainsi sa dernière colonie sur le continent africain. Avant l'indépendance, la minorité blanche tente de sauvegarder sa suprématie, allant même, en 1965, sous l'autorité de Ian Smith, jusqu'à déclarer unilatéralement l'indépendance.

Manifestation en Rhodésie, en 1979

Explosion de la première bombe H

Le 31 octobre 1952, les États-Unis font exploser la première bombe à hydrogène dans l'atoll d'Eniwetok, dans l'océan Pacifique. Elle possède une puissance 700 fois supérieure à celle des bombes atomiques d'Hiroshima et Nagasaki.

Le 31 janvier 1950, le président américain Harry Truman déclare : « En tant que commandant en chef des armées, il appartient au domaine de ma responsabilité de veiller à ce que notre pays soit en mesure de se défendre contre tout agresseur. C'est pourquoi j'ai indiqué à la commission sur l'énergie atomique de poursuivre ses travaux concernant la mise au point de tous types de bombes atomiques, ainsi que de la bombe à hydrogène. »

Explosion nucléaire expérimentale au Nevada (États-Unis)

Protégés par des lunettes, ces observateurs sont les témoins directs d'un test nucléaire aux États-Unis, en 1955.

Au cœur de la guerre froide, les États-Unis, en possession de la bombe atomique depuis 1945, veulent assurer le maintien de leur primauté sur l'Union soviétique qui les a rattrapés quatre ans plus tard.

Truman passe outre les scrupules qu'expriment les scientifiques face à la « superarme » en projet. Le physicien et prix Nobel Albert Einstein, qui avait poussé en 1939 le président américain Franklin Roosevelt à mettre au point la bombe atomique, dénonce la menace d'une contamination radioactive de la planète. Même Robert Oppenheimer, l'un des « pères » de la bombe atomique, rejette la bombe à hydrogène pour des raisons morales, après avoir constaté les effets des bombardements sur Hiroshima et Nagasaki.

Le 1er novembre 1952, cependant, les États-Unis expérimentent leur première bombe H sur Eniwetok, un atoll inhabité des îles Marshall dans l'océan Pacifique. Alors que les effets de l'arme nucléaire, lancée sur le Japon, reposent sur l'énergie libérée lors de la fission de noyaux d'uranium et de plutonium, éléments lourds, l'énergie considérable de la bombe à hydrogène – dite bombe H – provient de la fusion de noyaux atomiques légers, le tritium et le deutérium, isotopes de l'hydrogène. Pour amorcer une réaction thermonucléaire, il faut atteindre des températures très élevées, ce que l'on obtient en faisant exploser un « détonateur » atomique constitué d'uranium ou de plutonium. Cette explosion entraîne trois types d'effets, une émission radioactive, un rayonne-

ment thermique et une onde de choc, dont les effets destructeurs se font ressentir sur une très large zone autour du point d'impact.

En exploitant la fusion nucléaire avec la bombe H, les États-Unis se dotent d'une arme encore plus puissante que celle que représente la bombe A. On mesure l'énergie dégagée en équivalence de poids de l'explosif trinitrotoluène (TNT). Si l'on considère que 10 kg de TNT suffisent pour faire exploser une maison, on peut imaginer la puissance destructrice de l'arme expérimentée à Eniwetok : la bombe H développe une puissance de dix mégatonnes (10 millions de tonnes de TNT).

Mais l'avance des États-Unis dans ce domaine ne dure pas longtemps. Le 8 août 1953, le président du Conseil soviétique Gueorgui Malenkov annonce que les États-Unis « n'ont plus le monopole de la production de la bombe à hydrogène ». Quatre jours plus tard, l'Union soviétique lance à son tour sa première bombe H.

Les « pères » de la bombe atomique

1879-1968
Otto Hahn
Après des années de recherche avec la physicienne Lise Meitner, le chimiste allemand découvre la fission nucléaire. En collaboration avec Fritz Strassmann, Hahn irradie par des neutrons des noyaux d'uranium afin d'obtenir des isotopes radioactifs. Le noyau d'uranium se divise en libérant une grande quantité d'énergie. Au début de 1939, Hahn publie ses résultats, mais c'est seulement Lise Meitner qui les interprète peu de temps après et met en évidence la fission nucléaire.

Otto Hahn

1901-1954
Enrico Fermi
Le 2 décembre 1942, cet Italien réussit la première réaction en chaîne contrôlée qui libère d'énormes quantités d'énergie. Dans un réacteur qu'il construit lui-même sous la tribune d'un stade de sport à Chicago (Illinois), Enrico Fermi produit, avec 52 tonnes d'uranium, une réaction en chaîne qui dure 28 minutes (puissance : 0,5 kW). Le savant jette ainsi les bases de la mise au point de la bombe atomique.

Enrico Fermi

1904-1967
Robert Oppenheimer
C'est ce physicien américain qui va diriger à partir de 1942 le projet Manhattan chargé de la fabrication de la bombe atomique. Au début de 1943, le laboratoire de Los Alamos, au Nouveau-Mexique, voit le jour sur sa proposition. Le 16 juillet 1945, le premier essai de lancement de la bombe atomique est un succès. Au début des années 50, Oppenheimer, ayant désapprouvé la bombe H, tombe en disgrâce et doit répondre au cours d'un interrogatoire public de plusieurs jours de ses contacts présumés avec le parti communiste.

Robert Oppenheimer

Né en 1908
Edward Teller
Bien que ce physicien américain soit demeuré dans l'ombre d'Oppenheimer lors de la construction de la bombe atomique, il en est le moteur essentiel. Le lancement réussi de la bombe H qu'il a construite démontre pour Teller « la maîtrise de l'homme sur la nature ».

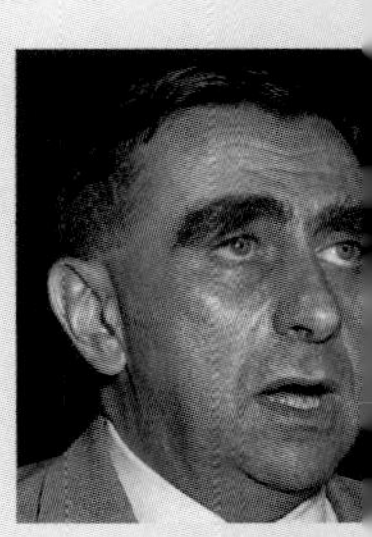
Edward Teller

DENVER

Eisenhower, symbole de la victoire de la Seconde Guerre mondiale

Avec l'élection du général Dwight Eisenhower qui, pendant la Seconde Guerre mondiale, dirige le débarquement allié en Normandie, les républicains retrouvent pour la première fois depuis vingt ans la présidence des États-Unis.

Ce fils d'ouvrier, marqué par le puritanisme, entre à l'âge de 20 ans à l'école militaire de West Point. Un an plus tard, Eisenhower doit renoncer à son rêve de faire une carrière de footballeur à la suite d'une grave blessure au genou. En 1930, il est nommé adjoint du général Douglas MacArthur. Dès lors, son ascension est fulgurante. De 1933 à 1939, il met sur pied avec MacArthur une unité militaire aux Philippines et acquiert la réputation de spécialiste de l'Extrême-Orient. En 1942, il prend la tête du département américain chargé des plans militaires. La même année, il dirige le débarquement d'Afrique du Nord et en 1943 celui de Sicile. En 1944, en qualité de commandant en chef des forces alliées en Europe, il prépare l'opération Overlord. La réussite du débarquement de Normandie marque le tournant de la Seconde Guerre mondiale. Le 7 mai 1945, à Reims, Eisenhower reçoit la capitulation allemande.

Le président américain, Dwight Eisenhower – affectueusement appelé Ike – construit sa politique sur la lutte contre le communisme.

Bien qu'il n'ait appartenu à aucun parti, un groupe se forme dès 1947, qui veut faire du héros de la guerre son candidat à la présidence. En avril 1952, il quitte le poste de commandant en chef de l'OTAN pour se consacrer à sa campagne électorale. Le 4 novembre 1952, il réunit sur son nom plus de 80 % des voix masculines. Ike, comme on l'appelait dans son enfance, doit en premier lieu sa victoire sur son rival le démocrate Adlaï Stevenson, à sa réputation de général et à la promesse de mettre fin à la guerre de Corée que beaucoup d'Américains qualifient de « sale guerre ».

Très vite, le 34e président des États-Unis, qui succède en 1953 à Harry Truman, peut se targuer de remporter des succès en politique étrangère. La paix de Panmunjon met fin à la guerre de Corée (1953). Dans la crise de Suez (1956), il soutient l'ONU contre la Grande-Bretagne et la France.

Mais sa politique intérieure est fortement contestée. Les réformes sociales annoncées demeurent au stade de promesses et les lois sur les droits des citoyens ne progressent pas de façon décisive. Longtemps, Eisenhower approuve la chasse aux communistes menée par Joseph McCarthy.

Dwight Eisenhower (au centre) avec Richard Nixon (à gauche) et Allan Dulles

Pourtant, la popularité de Ike reste entière et il décide de se représenter en 1956. Peu après sa réélection à la présidence, il offre une garantie de protection aux États du Moyen-Orient qui se voient menacés par le communisme. Par cette doctrine dite « doctrine d'Eisenhower », il justifie l'intervention des États-Unis au Liban en 1958.

Les succès de politique étrangère de la seconde présidence restent en deçà de ceux de la première ; le lancement du premier satellite artificiel par l'URSS porte un coup à la confiance des Américains. Les tentatives timides d'instaurer une détente entre l'Est et l'Ouest restent sans effet. Sans doute reçoit-il pour la première fois aux États-Unis un chef de gouvernement soviétique en la personne de Nikita Khrouchtchev, mais tous les efforts de rapprochement concrets échouent. Aux élections présidentielles de 1960, le démocrate John Kennedy bat de justesse le candidat républicain Richard Nixon.

Les hommes politiques américains des années 50

1880-1964

Douglas MacArthur

Le commandant en chef des armées américaines en Extrême-Orient organise durant la Seconde Guerre mondiale l'offensive contre le Japon et le 2 septembre 1945 reçoit la capitulation japonaise. Nommé commandant en chef des armées américaines durant la guerre de Corée, il propose de lancer une offensive contre la Chine, entrant ainsi en conflit avec le président Truman qui le limoge.

Douglas MacArthur

1884-1972

Harry Truman

Le 33e président des États-Unis ordonne le lancement de la bombe atomique sur Hiroshima et Nagasaki. Avec la doctrine dite de Truman, par laquelle il promet l'aide économique et militaire à tous les pays non communistes, il instaure la guerre froide. Il engage les États-Unis dans la guerre de Corée, mais refuse une extension du conflit à la Chine. Il reste passif devant la chasse aux communistes du sénateur McCarthy.

Harry Truman

1888-1959

John Foster Dulles

Le secrétaire d'État américain (1953-1959) voit dans le communisme le « mal moral » qu'il faut combattre impitoyablement. En conséquence, il mène une politique de force qui comprend la menace d'une intervention atomique. Il tente d'opposer à l'URSS un ensemble de pactes militaires et de pactes de sécurité ; il fonde entre autres l'OTASE et il accueille la république fédérale d'Allemagne dans l'OTAN.

John Foster Dulles

1909-1957

Joseph McCarthy

Le sénateur républicain et président de la commission du Congrès chargée de l'enquête des « menées antiaméricaines » (1950-1954), se livre à une chasse acharnée contre les communistes, créant un climat de suspicion et de délation. C'est seulement quand il qualifie officiellement Eisenhower de « traître » que celui-ci met un terme à ses agissements.

Joseph McCarthy

Cage, la musique et le hasard

Le compositeur américain John Cage représente l'avant-garde des années 50 : il oppose aux œuvres parfaitement construites la recherche spontanée de nouveaux sons. Son allié s'appelle le hasard.

Le « piano préparé » qu'invente Cage devient rapidement une référence. Tandis qu'il travaille en 1940 comme pianiste d'une troupe de danse américaine, la scène s'avère trop petite pour l'ensemble de percussions africaines qui sont prévues. John Cage improvise et prépare un piano avec toutes sortes de matériaux qu'il dissimule entre les cordes. Il reproduit ainsi le son des

John Cage en train de préparer son piano

instruments de percussion : des boulons, des vis, des clous, des écrous, des objets utilitaires en bois et en caoutchouc qu'il dispose entre les cordes, de sorte que le son obtenu atteigne, selon la disposition des matériaux, des timbres nouveaux et différents. Son œuvre *Bacchanale* (1940) marque le début de ses compositions pour piano préparé, pour lesquelles Cage écrit en tout vingt morceaux. Dans cette œuvre, on comprend déjà quelle idée il se fait de la musique : il se préoccupe avant tout du monde, de la vie en tant qu'événement sonore. En conséquence, c'est de manière tout à fait imaginative qu'il traite ses matériaux et qu'il utilise chaque objet de composition. Il conçoit en 1939 *Imaginary Landscape*, une pièce pour douze radios qui sont servies par deux exécutants, dont un est chargé du réglage de la fréquence d'émission et du volume. Autant Cage précise les fréquences radio et le volume de façon minutieuse, autant le rôle du hasard est total dans cette composition, car le morceau retentit toujours différemment, selon qu'il est joué à New York, à Tokyo ou en Europe. Tout dépend des émetteurs qu'on utilise.

Dans sa recherche de résonance des corps, Cage pense en 1940 à des meubles de salle à manger dans *Living Room Music*. Il prévoit dans *Water Music* (1952) des radios, de l'eau, des flûtes et un pianiste, et offre la même année au monde musical l'absence totale de son en tant que forme artistique : dans le morceau de piano *4 mn 33* joué pour la première fois en août 1952, un pianiste soulève le couvercle

John Cage, à qui l'on doit une nouvelle façon de « penser la musique »

d'un piano à queue et reste immobile pendant 4 minutes et 33 secondes, assis devant l'instrument, sans jouer une seule note.

Le 15 mai 1958, le *Concerto pour piano* de Cage est présenté pour la première fois. Cette œuvre sera par la suite l'une des plus jouées. Dans cette partition, il laisse aux musiciens le soin de choisir les notes et les indications à partir des matériaux proposés. L'œuvre peut être aussi longue qu'on le souhaite et comporter autant d'instruments que l'on veut. Reconnaître un concerto ou se réjouir des mélodies qu'il renferme devient impossible à cause du hasard qui en constitue l'élément essentiel.

Cage renvoie les musiciens à leur propre responsabilité face à l'interprétation et s'attache à leur créativité. La tradition séculaire de l'improvisation prend désormais une nouvelle signification pour l'avant-garde. Nombreux sont ceux qui reprochent à Cage ce procédé et refusent de jouer ses compositions.

Les grands compositeurs du XXe siècle

1883-1965
Edgar Varese
Compositeur français naturalisé américain, Edgar Varese fonde le New Symphonic Orchestra en 1919 pour l'interprétation de la musique nouvelle. Partageant son temps entre les États-Unis, la France et l'Allemagne, il juxtapose dans *Déserts* (1954) la musique concrète et la musique électronique. Cette pièce fait scandale. Edgar Varese cherche à faire de la musique avec des sons, voire avec des bruits, mais plus avec des notes.

Edgar Varese

1908-1992
Olivier Messiaen
Né à Avignon, il est l'élève au conservatoire de Paris du compositeur Paul Dukas et de l'organiste Marcel Dupré. Titulaire de l'orgue de La Trinité à Paris, il écrit sa première œuvre pour piano en 1929, *Huit préludes*. Il compose ensuite des œuvres pour orchestre et pour orgue. Prisonnier en 1940, il compose et fait exécuter au camp de Görlitz une de ses œuvres maîtresses, *Quatuor pour la fin des temps*. Nommé professeur d'harmonie puis de composition à son retour de captivité, il formera de très nombreux compositeurs contemporains.

Olivier Messiaen

Né en 1928
Karlheinz Stockhausen
Né à Cologne, ce compositeur allemand est influencé par Schönberg, Berg et Webern. Il suit les cours d'Olivier Messiaen en 1951 et découvre alors le « sérialisme intégral ». Il s'intéresse de près à la musique électroacoustique et poursuit la synthèse de cette dernière avec des sources sonores traditionnelles les plus variées. De sa première œuvre, *Kontra Punkte* (1953) à son immense composition *Licht*, qui est toujours en chantier, Stockhausen s'inscrit dans le grand courant romantique de la musique allemande.

Karlheinz Stockhausen

Né en 1925
Pierre Boulez
Compositeur renommé et brillant chef d'orchestre, il dirige l'IRCAM (Institut de recherche et de coordination acoustique-musique) au Centre Georges-Pompidou. Auteur de nombreux ouvrages, il est aujourd'hui professeur au Collège de France.

Pierre Boulez

Les JO nordiques de 1952

Oslo (en hiver) et Helsinki (en été) resteront gravés dans toutes les mémoires comme les « Jeux du cœur » en raison de l'atmosphère chaleureuse que ces deux villes ont offerte aux athlètes.

Les Jeux d'hiver se déroulent pour la première fois en Norvège, pays du ski par excellence. Dès 1868, le Norvégien Sondre Auersen Norheim met au point la première fixation de ski moderne. Pour rendre hommage à ce pionnier, la flamme olympique est allumée dans sa maison natale, située au sud de la Norvège, à Morgedal, et acheminée par des skieurs après un long relais de 220 km jusqu'au Bislet d'Oslo. Eigil Nansen, petit-fils de l'explorateur

Paavo Nurmi allume la flamme olympique à Helsinki, en 1952.

polaire Fridtjof Nansen, dont l'expédition en chaussures de neige au Groenland a entraîné l'essor de la randonnée à ski, allume la flamme olympique du stade.

C'est seulement après la Seconde Guerre mondiale que des sportifs du Japon et d'Allemagne de l'Ouest participent de nouveau à des jeux Olympiques d'hiver. On redoute que les Norvégiens reçoivent les sportifs du pays de leur ancien occupant avec une antipathie manifeste. Or, ces craintes s'avèrent sans fondement au vu d'un public aussi sincère que juste. Les places pour assister au saut à ski à Holmenkollen sont particulièrement prisées ; les 150 000 visiteurs présents pour cette épreuve constituent un record d'audience pour une compétition olympique.

C'est avec enthousiasme que les Finlandais se proposent d'être les hôtes des Jeux d'été : des cris de joie émanant de 70 000 personnes accueillent Paavo Nurmi qui porte au stade la flamme olympique. Le sportif finnois, neuf fois champion olympique, qui a obtenu trois médailles d'argent dans les années 20 et fut écarté en 1932 par le Comité international olympique pour professionnalisme, obtient ainsi une réhabilitation tardive. Le gymnaste Heiko Savolainen prête serment lors de la dernière de ses cinq participations aux jeux Olympiques depuis 1928, au nom des concurrents du monde entier.

La bonne atmosphère du début des Jeux va cependant être troublée par un incident diplomatique : la direction de l'équipe d'URSS, qui participe pour la première fois, exige que ses sportifs soient isolés dans un village olympique à part.

Lors des cérémonies d'ouverture des Jeux d'hiver à Oslo le 18 février 1952, le silence règne sur le stade pendant deux minutes : les spectateurs et les athlètes rendent hommage au roi d'Angleterre Georges VI, mort douze jours auparavant.

Rappelons que l'on est en pleine guerre froide : les sportifs soviétiques ne doivent donc pas entrer en contact avec leurs homologues américains.

Autre problème, la République démocratique allemande refuse de joindre ses athlètes à ceux de la République fédérale. Mais la Sarre, alors autonome, présente sa propre équipe avec le soutien de la France.

Jacqueline du Bief est la seule Française à obtenir une médaille lors des Jeux d'hiver, en patinage artistique. Lors des jeux d'été, Raymond Salles et Gaston Mercier remportent l'or en aviron (deux barré), Mimoun est battu de 0,8 s par Emil Zátopek dans le 5 000 m, Christian d'Oriola et l'équipe de France s'imposent au fleuret, le nageur Jean Boiteux remporte le 400 m en 4 mn 30,7 s, Georges Turlier et Jean Laudet s'adjugent le 10 000 m en canoë-kayak et Pierre Jonquères d'Oriola, avec son cheval Ali Baba, offre à la France l'ultime médaille d'or de ces jeux fraternels.

1952

Les vainqueurs des jeux Olympiques de 1952

Hiver 1952

Hjalmar Andersen

Le champion norvégien triple médaillé d'or est le patineur de vitesse le plus rapide du début des années 50. Le champion du monde en 1950-1952 améliore en 1951 le record mondial sur 5 000 m et réalise le meilleur temps de l'année suivante sur 10 000 m. À Oslo, le héros populaire norvégien gagne la médaille d'or sur le 1 500 m, le 5 000 m et le 10 000 m.

Hjalmar Andersen

Hiver 1952

Andrea Mead-Lawrence

L'Américaine est l'athlète la plus performante à Oslo. Elle gagne le slalom spécial et le premier slalom géant. Grâce à sa médaille d'or dans cette discipline, elle suit les traces de sa compatriote Gretchen Frazer, qui avait remporté le titre quatre ans auparavant à Saint-Moritz. C'est sous son nom de jeune fille, Mead, que Lawrence avait terminé 8e au slalom en 1948.

Andrea Mead-Lawrence (au centre) avec Mirl Buchner (à gauche) et Dagmar Rom (à droite)

Été 1952

Emil Zátopek

Le coureur de fond tchécoslovaque améliore au cours de sa carrière 22 records du monde. Lors de ses trois participations olympiques, Zátopek décroche quatre fois l'or et une fois l'argent. À Helsinki, il gagne sur 5 000 m et sur 10 000 m, ainsi qu'au marathon.

Été 1952

Viktor Tchoukarine

Le gymnaste soviétique devient champion olympique à Helsinki dans 4 épreuves individuelles et par équipe. Il décroche l'or au saut de cheval, au concours général et au cheval-d'arçons, ainsi que l'argent à la barre fixe et aux anneaux. Quatre ans plus tard, à Cortina, ce sportif d'exception défend son titre dans l'ensemble des disciplines et remporte la médaille d'or à la barre fixe.

Victor Tchoukarine

Été 1952

Jean Boiteux

Le nageur français améliore le record olympique du 400 m nage libre. Fou de joie, son père se jette tout habillé dans la piscine en s'écriant : « C'est le meilleur bain de ma vie. »

Jean Boiteux et son père

La fin de la dictature de Staline

Depuis la maladie de Lénine en 1922, Joseph Staline dirige la politique de l'URSS. Après 1928, son pouvoir est illimité. En dépit du « dégel » de Nikita Khrouchtchev, le stalinisme ne disparaît qu'avec la politique de réforme de Gorbatchev.

Pendant tout le temps où Staline est le secrétaire du parti communiste de l'URSS, il se développe un régime politique totalitaire désigné sous le nom de stalinisme. Contrairement aux théories de Karl Marx, de Friedrich

La joie règne parmi ces soldats américains en apprenant la mort de Staline.

Engels et de Vladimir Lénine, l'État n'est pour lui nullement une « manifestation moribonde », mais la « force de direction et d'orientation ». L'État et ses représentants constituent par définition le centre de la société. Se substituant au prolétariat international, l'URSS est à ses yeux le « garant de l'évolution révolutionnaire ». Un autre caractère de ce régime est sa volonté d'imposer dans les plus brefs délais l'industrialisation de l'URSS.

La terreur organisée par l'État contre la population elle-même et le culte de la personnalité figurent parmi les spécificités du stalinisme. Les festivités grandioses pour le 50e anniversaire de Staline en 1929 en sont témoin. Lors du 70e anniversaire du dictateur, le culte du « chef suprême » prend des proportions proprement religieuses.

La répression officielle des dissidents commence en 1923, lorsque les premiers camps pour prisonniers politiques sont installés sur les îles de Solowez en mer Blanche. Dès le début, la terreur qui brise toute résistance dans le pays peut toucher n'importe qui, y compris les bolcheviks et les partisans les plus actifs du dictateur, et ce même en dehors de la grande purge de 1934-1938. Au cours des spectaculaires « procès de Moscou », Staline liquide les dissidents trotskistes, mais aussi Boukharine, Zinoviev et Kamenev.

Staline sur son lit de mort, dans une salle du palais du Kremlin, à Moscou

Encore aujourd'hui, le chiffre global de ces victimes est objet de contestations ; les évaluations varient de 10 à plus de 40 millions d'individus.

Outre cette répression violente des minorités, la collectivisation contrainte et forcée de l'agriculture et la « liquidation des koulaks en tant que classe » (d'après l'expression de Staline) entraînent un nombre de victimes considérable. Ce ne sont pas seulement les riches propriétaires qui sont touchés par

ces opérations, mais quiconque possède sa propre terre. À ce titre des millions d'hommes disparaissent entre 1929 et 1933, purement et simplement exécutés, ou condamnés aux travaux forcés sur les territoires de l'Arctique où les internés meurent peu après leur arrivée, sans qu'il soit nécessaire de recourir à une violence plus apparente.

En 1956, trois ans après la mort du dictateur, Nikita Khrouchtchev, au cours du XXe Congrès du parti communiste, dénonce pour la première fois « le culte de la personnalité et les atteintes à la légalité soviétique ». Dans l'*Histoire du parti communiste de l'URSS*, publiée peu après par la nouvelle direction, il règle sérieusement ses comptes avec Staline. Après la chute de Khrouchtchev, la déstalinisation marque un temps d'arrêt sous l'emprise de Brejnev. Il faudra attendre la *perestroika*, menée par Mikhaïl Gorbatchev et sa politique de *glasnost*, pour que l'Union soviétique abandonne enfin le totalitarisme.

L'évolution politique de l'URSS à partir de 1953

5 mars 1953

Mort de Staline
Après la mort de Joseph Staline, une brève lutte pour le pouvoir porte Nikita Khrouchtchev à la tête du gouvernement soviétique.

Nikita Khrouchtchev

25 février 1956

Début du dégel
Au XXe Congrès du parti communiste de l'URSS, Nikita Khrouchtchev fait un discours à huis clos contre les crimes de Staline. Peu de temps après sont réhabilités quelques-uns des condamnés qui avaient été exécutés durant les années 30, au cours de la « grande purge ». Mais, grâce à la résistance obstinée des fonctionnaires du parti, Staline est quasi réhabilité.

Démontage d'une statue de Staline à Budapest, en 1956

Octobre 1961

Nouvelles critiques contre Staline
Au XXIIe Congrès du parti, Khrouchtchev renouvelle ses critiques. On déplace la dépouille du dictateur du mausolée de la place Rouge ; les rues, les lieux et les entreprises portant le nom de Staline sont débaptisés. De nouveau la résistance des fonctionnaires bloque la déstalinisation du parti.

1965

Le durcissement sous Brejnev
La chute de Khrouchtchev en octobre 1964 entraîne la fin du « dégel » politique. Au XXIIIe Congrès du parti, le rôle de Staline est présenté sous un jour largement positif. Les années suivantes se développent la restalinisation et le culte de la personnalité autour du secrétaire général du parti, Leonid Brejnev.

Leonid Brejnev

1973

L'Archipel du Goulag
L'ouvrage d'Alexandre Soljenitsyne paraît à Paris. La présentation des camps de travail et des prisons de Staline provoque de violentes réactions en URSS.

1987

Politique de réformes en URSS
La discussion sur le stalinisme reprend avec la *perestroika* de Mikhaïl Gorbatchev. En 1988, une loi réhabilite quelques-uns des accusés des grands procès des années 30. Cette politique provoque l'éclatement de l'URSS.

Mikhaïl Gorbatchev

Première émission télévisée mondiale, le couronnement d'Elisabeth II

1953

Le couronnement d'Elisabeth II introduit dans la monarchie britannique une période de continuité. Mais durant la troisième décennie de son règne, le rôle exemplaire de la famille Windsor est ébranlé. La reine doit faire face à une série de scandales.

Le 2 juin 1953, la princesse Elisabeth Alexandra Mary, fille aînée du défunt roi George VI, est couronnée reine de Grande-Bretagne et d'Irlande du Nord, sous le nom d'Elisabeth II. Dans un carrosse tiré par huit chevaux pommelés, Elisabeth s'avance vers l'abbaye de Westminster, accompagnée de son futur époux, Philippe Mountbatten, duc d'Édimbourg. En présence de 7 600 invités, le couronnement est un spectacle médiatique exceptionnel : pour la première fois, l'événement est retransmis à la télévision en direct dans le cadre de l'Eurovision.

La reine, âgée de 27 ans, s'est préparée à sa tâche avec le plus grand soin, étudiant, entre autres matières, le droit et l'histoire de la Constitution avec un professeur d'Eton. Après sa première allocution télévisée, prononcée à l'âge de 21 ans, elle se montre en public de plus en plus souvent. Depuis la maladie de son père, en automne 1951, ses obligations se multiplient. Elisabeth s'efforce toujours de répondre à l'image que se font les Britanniques de la Couronne : la reine est le symbole de la continuité historique. Son attitude conservatrice se traduit même dans sa façon de s'habiller : en 1976, le créateur de mode Richard Blackwell la fait figurer sur la liste des dix personnalités féminines les plus mal habillées !

En dépit de son élégante réserve, Elisabeth ne peut cependant pas échapper aux critiques adressées à la famille royale. Ainsi se met-on à parler des dépenses de la maison des Windsor ; au cours des années 80, eu égard aux problèmes sociaux du pays, la presse qualifie la reine de rentière la plus fortunée de la nation. La rente annuelle, non imposable, qui assure notamment l'entretien de Buckingham Palace et du château de Windsor avec son personnel et qui finance les quelque trente banquets officiels annuels, s'élève en 1990 à 7,9 millions de livres sterling (63 millions de francs). L'incendie du château de Windsor, en novembre 1992, soulève la question de savoir qui doit assumer les frais de la reconstruction. La reine se déclare alors prête à payer l'impôt sur le revenu et les taxes foncières. En outre, elle prend à sa charge la liste civile de ses enfants Andrew, Anne et Édouard.

Elisabeth II et le prince Philippe, avec leurs enfants Charles, Anne, Andrew et Édouard

Puis viennent les problèmes conjugaux de ses enfants et les campagnes de presse qu'ils déchaînent. La mort récente de lady Di en est l'illustration. Le prestige de la monarchie qu'Elisabeth s'est efforcée de sauvegarder est fortement ébranlé. La reine qualifie même l'année du quarantième anniversaire de son couronnement d'*annus horribilis* et limite les festivités à quelques salves d'artillerie.

La fonction exemplaire de la famille royale est donc de plus en plus mise en question. Si, d'après les enquêtes, la monarchie se trouve toujours en 1988 au cœur de la fierté nationale, cinq ans après, 73 % des Britanniques sont d'avis qu'elle ne doit pas être entretenue par le contribuable.

L'évolution constitutionnelle de la Grande-Bretagne reste aujourd'hui ouverte, et l'idée même de la disparition de la monarchie commence à faire son chemin.

Elisabeth II pendant la cérémonie du couronnement. La reine porte les insignes de sa puissance : la couronne de saint Édouard et le sceptre royal.

La Grande-Bretagne après 1950

2 novembre 1956

Fin de la crise de Suez
La Grande-Bretagne, la France et Israël, qui ont attaqué l'Égypte à la suite de la nationalisation du canal de Suez, doivent s'incliner devant l'ONU soutenue par les États-Unis et retirer leurs troupes. Le recul de la Grande-Bretagne sous la pression des Américains illustre le déclin britannique après la Seconde Guerre mondiale.

Vaisseaux de guerre sur le canal de Suez, en 1956

1962

Réglementation de l'immigration
La loi de l'immigration dans le Commonwealth réglemente pour la première fois l'afflux des citoyens des anciennes colonies. Un système de permis de séjour doit limiter le flot croissant des immigrés. Durant les années suivantes, la politique de l'immigration s'aggrave.

Jomo Kenyatta, premier chef d'État du Kenya, ancienne colonie britannique, en 1964

1968-1969

Guerre civile en Irlande du Nord
Le conflit en Irlande du Nord entre protestants et catholiques se transforme en guerre civile. Le gouvernement britannique doit envoyer des troupes dans la région. Les catholiques, poussés par le mouvement clandestin de l'IRA, militent en faveur de la réunification de l'Irlande du Nord qui fait partie de la Grande-Bretagne avec la République irlandaise.

Cortège funèbre passant devant les soldats britanniques de l'Irlande du Nord, en 1972

1er janvier 1973

Entrée de la Grande-Bretagne dans la CEE
La Grande-Bretagne signe les documents de son adhésion à la Communauté européenne. En 1975, le gouvernement travailliste organise un référendum sur le maintien du pays dans la Communauté qui réunit 67 % de oui.

2 avril 1982

La guerre des Malouines
L'Argentine débarque sur les îles Malouines (Falkland) qu'elle revendique. Le gouvernement britannique envoie un détachement de sa flotte pour les reconquérir. Le succès militaire apporte une grande popularité au parti conservateur au pouvoir avec Margaret Thatcher, malgré le coût de l'opération.

Troupes britanniques sur les îles Malouines, en mai 1982

Révolution dans la génétique : la découverte de la structure de l'ADN

1953

C'est dans une atmosphère de compétition acharnée que le biologiste américain James Watson et le physicien anglais Francis Crick découvrent la structure de l'ADN. Cet événement scientifique constitue une véritable révolution dans le domaine de la biochimie.

Représentation de la double hélice de l'ADN au musée d'histoire naturelle de New York, réalisée par Van Potter, collaborateur du McArdle Memorial Laboratories à l'université du Wisconsin

Le Canadien Oswald Avery montre dès 1944 l'importance des acides nucléiques en matière d'hérédité. Il découvre que l'acide désoxyribonucléique (ADN) joue dans la cellule le rôle de porteur de l'information génétique. La même année, le naturaliste autrichien Erwin Schrödinger publie son livre *Qu'est-ce que la vie ?*, indépendamment des découvertes d'Avery. Il s'intéresse à l'origine du patrimoine génétique, et identifie ses principales propriétés telles que sa constance, ses modifications fortuites et la mémorisation des informations qu'il porte. Schrödinger postule que les éléments constituants du programme génétique ne se suivent pas de façon périodique mais selon des séquences irrégulières.

Ces idées stimulent les travaux sur la structure de la substance génétique. On sait déjà qu'il s'agit de molécules géantes, constituées autour de la formule base-désoxyribose-phosphate. Les éléments unitaires du code génétique sont les bases adénine, cytosine, guanine et thymine. Chaque élément de la chaîne contient l'une d'entre elles, leur ordre définissant l'information génétique.

Maurice Wilkins et son assistante Rosalinde Franklin du King's College de Londres entreprennent d'isoler l'ADN à partir de thymus de veau et de sperme de bélier. L'analyse radiographique révèle une structure en double hélice. Cette hypothèse est étayée par les recherches du professeur de chimie américain Linus Pauling, qui a mis récemment au point un modèle en vis permettant de représenter l'organisation spatiale des éléments dans un certain nombre de molécules de protéines.

La découverte de la structure de l'ADN, qui vient d'être faite peu de temps auparavant, constitue l'un des plus grands événements scientifiques du XXe siècle. Les cercles de spécialistes préparent un triomphe à Wilkins, Franklin et Pauling.

Mais c'est en 1953 que deux chercheurs de l'université de Cambridge vont enfin remporter le succès. Le biologiste américain James Watson et le physicien anglais Francis Crick commencent à construire une modélisation de la molécule d'ADN. Il s'agit d'une molécule de longueur théoriquement infinie, comportant

James Watson (à gauche) et Francis Crick

deux chaînes latérales enroulées en spirale. Ils imaginent une échelle de corde enroulée autour d'un axe imaginaire. Les montants sont formés d'une succession de molécules de sucre – le désoxyribose – et d'un groupement phosphoré. Les barreaux de l'échelle sont fixés aux molécules de sucre et sont composés de deux bases – purique et pyrimidique. Mais la véritable clé est livrée par le biochimiste Erwin Chargaff qui détermine le rôle complexe des bases : les bases puriques, au nombre de deux – la guanine et l'adénine – et les bases pyrimidiques également au nombre de deux – la cytosine et la thymine. Les chaînes d'ADN renferment des séquences qui se répètent. Watson et Crick publient leurs travaux sur la structure de l'ADN le 25 avril 1954 dans la revue *Nature*. Ils sont immédiatement acceptés par la communauté scientifique. Et les experts vont jusqu'à déclarer que « cette structure est trop belle pour ne pas être vraie ».

Les grandes découvertes en génétique

1888

Les chromosomes
Le professeur d'anatomie allemand Wilhelm von Waldeyer-Hartz propose d'appeler chromosomes les images colorées en forme de filament ou de bâtonnet, visibles au moment de la division cellulaire.

1944

Le porteur du patrimoine génétique
Le bactériologiste canadien Oswald Avery découvre en effectuant des recherches sur les pneumocoques (bactéries responsables de la pneumonie) que ce ne sont pas les protéines mais les molécules d'ADN qui sont les substances porteuses de l'information génétique.

1958

La duplication de l'ADN
Des scientifiques du California Institute of Technology mettent en évidence que les deux brins d'ADN enroulés en hélice se séparent lors de la division cellulaire. L'hypothèse suivante est donc confirmée : les deux brins d'ADN servent de matrice pour la synthèse de nouveaux brins. La même année, on parvient à isoler l'enzyme ADN-polymérase 1. On peut depuis synthétiser l'ADN en éprouvette.

1960

ARN-messager
L'acide ribonucléique messager est identifié comme étant le porteur de l'information pour l'organisation des acides aminés dans les protéines. Selon les travaux de Jacques Monod et de François Jacob, la molécule d'ADN fabrique dans le noyau cellulaire une copie conforme de l'une de ses chaînes qui, en tant que ARN-m, va du noyau vers le plasma.

1961

Le code génétique
Le généticien américain Marshall Nirenberg parvient à déchiffrer le premier « terme » du code génétique grâce à une molécule synthétique de ARN-m. On vient ainsi d'identifier l'information génétique nécessaire à la formation des acides aminés de phénylalanine. Le code génétique sera entièrement décrypté en 1966.

Maurice Wilkins confirme les travaux de Watson et Crick par la diffraction des rayons X.

François Jacob

Jacques Monod

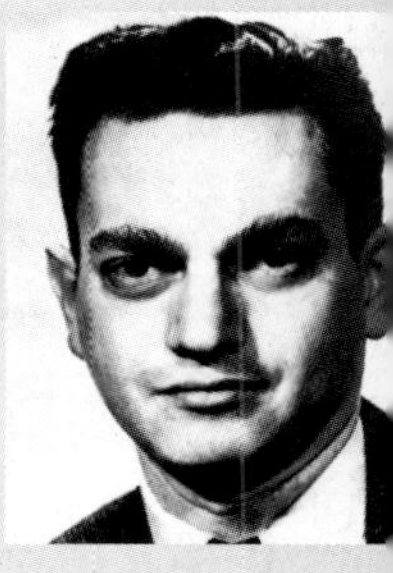

Marshall Nirenberg

L'absurde mis en scène

Quand, le 5 janvier 1953, Samuel Beckett fait jouer *En attendant Godot*, le public parisien est choqué : l'œuvre ne contient aucune action précise et est dépourvue de dialogue construit rationnellement. C'est le théâtre de l'absurde.

Au début des années 50, l'Irlandais Samuel Beckett, ainsi qu'un autre étranger vivant à Paris, Eugène Ionesco, roumain de naissance, font jouer des pièces de théâtre presque totalement dénuées d'action et considérées comme provocatrices. On ne tarde pas à qualifier les œuvres de ces dramaturges : ce sera le théâtre de l'absurde, trait que les existentialistes de l'époque ont déjà retenu

Samuel Beckett

comme un caractère fondamental de l'existence humaine. Les personnages tentent de s'affirmer par la parole dans un monde impénétrable, ressenti comme menaçant. Mais force est de constater que c'est le langage qui les domine ; les truismes et les clichés s'enchaînent sans cohérence. Cette utilisation du langage, qui ne vise aucun objectif, donne au moins à ces personnages un soupçon de dignité et de souveraineté.

Parmi les classiques de ce « théâtre de l'absurde », citons *La Cantatrice chauve (1950)* de Ionesco, dont la première n'a été applaudie à Paris que par les seuls artistes et quelques critiques littéraires : deux époux découvrent peu à peu qu'ils sont mariés l'un à l'autre. L'insolite est partout et on parle pour ne rien dire. Le titre n'a aucun rapport avec le sujet, inexistant. Dans une autre pièce du même auteur, *Les Chaises,* on trouve de nouveau un couple : deux vieilles personnes entassent des chaises dans leur minable demeure. Ils attendent la visite de toute l'humanité, car l'homme a l'intention de faire proclamer un message par un orateur. Les chaises restent vides. Et quand paraît l'orateur, on s'aperçoit qu'il est muet. L'attente de l'impossible fait de cette pièce une sorte de mascarade triste.

Tandis que Ionesco décrit la situation absurde à un point tel que le comique devient dérision, Samuel Beckett, quant à lui, recourt au procédé du ralentissement et de la réduction. Par exemple, le deuxième acte de *En attendant Godot* ne comporte que d'infimes différences par rapport au premier : par deux fois Vladimir et Estragon attendent

Jürgen Holtz, Eberhard Esche et Christian Grashof, comédiens au Théâtre allemand de Berlin, lors d'une représentation de *En attendant Godot*, de Beckett

Godot sur la route, jusqu'à ce que surgisse un jeune homme qui vient leur dire qu'il ne viendra pas. Les dialogues des deux actes se ressemblent ; seuls les rôles des autres personnages, Pozzo et Lucky, sont inversés : au premier acte, Pozzo tient Lucky en laisse ; alors qu'au deuxième c'est le valet, devenu muet, qui conduit son maître devenu aveugle.

Certes les personnages de Beckett sont incapables de contacts authentiques, mais ils sont réduits à vivre ensemble. Dans *Fin de partie*, Hamm, aveugle, ne peut se lever et Clov ne peut s'asseoir. Accompagnés par les parents de Hamm, Nagg et Nell, enfermés comme des culs-de-jatte dans des poubelles, ils échangent entre eux des répliques hargneuses.

Dans les pièces de Ionesco, de Beckett, d'Arthur Adamov ou de Boris Vian, l'anéantissement du langage traduit l'aliénation des individus dans une société de l'après-guerre qui, pour beaucoup, apparaît vide de sens.

Pièces importantes du théâtre de l'absurde

1950

La Cantatrice chauve
La première pièce d'Eugène Ionesco tire son comique des échecs de la communication. Toutes les déclarations des personnages – un couple relayé à la fin par un autre couple – contrastent de façon extrême avec les effets de scène.

Eugène Ionesco

1955

Théâtre de chambre
Par l'emploi de marionnettes et de masques ainsi que par des textes dépourvus de toute action contraignante, Jean Tardieu dénonce le vide des modes de communication dans la société de masse. Le rire se fige en grimace et, sous le masque de la farce, l'auteur introduit une obsédante interrogation métaphysique.

Jean Tardieu

1959

Rhinocéros
Cette comédie d'Eugène Ionesco, qui fut jouée pour la première fois à Düsseldorf, a pour thème la folie moderne des masses. Tous les habitants d'une ville se transforment en rhinocéros d'abord contraints et forcés, puis de leur plein gré. Seul Bérenger résiste à cette contagion. Même s'il a honte de son apparence humaine, il ne capitule pas.

Harold Pinter

1960

Le Gardien
Le premier succès sur la scène remporté par Harold Pinter traite de l'absurdité et de la brutalité dans la vie quotidienne. Les protagonistes sont Aston, malade mental plein de bonté, son frère Mick, qui manifeste une tendance à la violence, et Davies, le vagabond, intrigant, menteur et opportuniste.

1967

L'Architecte et l'empereur d'Assyrie
Dans sa rêverie absurde, Arrabal met en scène un homme qui déclare être le survivant d'un accident d'avion échoué sur une île déserte ; face à l'unique habitant de l'île, un architecte, il se proclame empereur. Lorsque l'empereur invite l'architecte, l'architecte devient à son tour empereur. Surgit alors un autre survivant d'un accident d'avion...

Fernando Arrabal

La chanson française

Après le déchaînement du swing et du be-bop, les auteurs-compositeurs français se révèlent inégalables. De la romance à la chanson engagée, de la poésie à l'humour, les générations se mêlent pour offrir un répertoire unique.

Luis Mariano charme les Parisiennes en les invitant à passer une semaine sous le soleil de *Mexico*. À la grande surprise de dame nature, André Claveau s'autorise une licence poétique en susurrant *Cerisiers roses et pommiers blancs*. L'inamovible Tino Rossi s'attire une nouvelle nuée d'admiratrices avec le sirop du *Tango bleu* ; Georges Guétary se promène gaiement sur

Maurice Chevalier

La Route fleurie, tandis qu'Yves Montand flâne sur *Les Grands Boulevards* et que Juliette Gréco arpente *La Rue des Blancs-Manteaux* avec les mots de Jean-Paul Sartre. Les voix mêlées des Compagnons de la chanson, des Frères Jacques et des Quatre Barbus font recette. Charles Trénet, qui entame la nouvelle décennie avec l'inoubliable *Âme des poètes,* s'apprête à la parsemer d'un ou deux petits chefs-d'œuvre par an et Maurice Chevalier continue d'enchanter les amoureux de *Paname*.

Sur le plateau des tourne-disques où le microsillon remplace l'antique 78-tours, commencent à tourner les derniers succès de ceux qui font l'événement : Gilbert Bécaud – Monsieur 100 000 volts – pour qui l'on casse les fauteuils avec une bonne avance sur les futurs déchaînements du *rock and roll*, Charles Aznavour et sa voix qui dérange les amateurs de *bel canto* et fait fondre la gent féminine. Pendant ce temps, la voix ample et bouleversante d'Édith Piaf n'en finit pas de sortir des entrailles de ce minuscule bout de femme pour consoler *Milord*, pleurer sur *Les Amants d'un jour* ou hurler *L'Hymne à l'amour*. Grâce à la Môme Piaf, la chanson réaliste a encore quelques beaux jours devant elle.

Mais la chanson poétique, celle dont les textes méritent publication, fait de petits émules qui deviendront très grands. Comme Charles Trénet, le fou chantant que tous désignent comme leur père spirituel, ils sont auteurs-compositeurs. Ils naissent, pour la plupart, dans les cabarets de la rive

Luis Mariano, Bourvil, Georges Guétary et Mistinguett, vedettes de la chanson française populaire des années 50

gauche. Ils ne tardent pas à envahir l'Olympia et les ondes, avec l'aide de découvreurs de talents comme Jacques Canetti. Ils s'appellent Léo Ferré, qui surgit dès 1950 avec *La Vie d'artiste*, Georges Brassens, qui fait scandale en 1952 avec *Le Gorille*, puis rassure et s'installe l'année suivante à l'abri de son *P'tit coin de parapluie*. Jacques Brel, un inconnu dégingandé, se présente en 1954 avec *Grand Jacques* au théâtre des Trois Baudets. Il commence à se faire un public en 1957 avec *Quand on n'a que l'amour* et se l'attache à jamais avec *Ne me quitte pas*, en 1959. L'un des derniers venus sur la scène des auteurs-compositeurs de la décennie cinquante s'appelle Guy Béart. En 1957, tout le monde reprend en chœur son malicieux *Qu'on est bien*. Enfin, c'est à la veille des *sixties* qu'éclate la beauté d'un laid : en 1959, Serge Gainsbourg fait d'emblée un malheur avec *Le Poinçonneur des Lilas*. Bonjour, les années 60 !

1953

Ces années-là...

1950
Musique
Des caves du Quartier latin aux salles de province, elle est partout la musique de nègre qui fleure bon la Libération et rime avec contestation. L'auteur du *Déserteur*, Boris Vian, se fait trompettiste de jazz pour chauffer les nuits du Tabou.

Boris Vian

1950
Lyrique
La Callas pèse 110 kilos et fait trembler les directeurs d'opéra. La Scala de Milan est la première à oser accueillir la diva grecque. Elle ne le regrettera pas ! La voix unique de soprano et le succès médiatique de la Callas donnent un deuxième souffle aux classiques du répertoire.

1951
Théâtre
Gérard Philipe joue *Le Cid* au Festival d'Avignon 1951, sous la direction de Jean Vilar. Le théâtre nouveau arrive avec Beckett, Ionesco, Genet, Obaldia, Adamov... Il gardera longtemps l'étiquette de « théâtre d'avant-garde ».

Gérard Philipe

1954
Littérature
Bonjour Tristesse ! Avec son minois chiffonné et son élocution hésitante, elle trompe son monde, Françoise Sagan. Elle a trouvé l'audace des timides pour raconter une histoire pas très convenable mais bien dans l'air du temps. Pas très convenable non plus, San Antonio ! Et dire qu'on l'étudiera un jour dans les facultés de lettres... Sartre et Camus sont toujours là, mais brouillés. Entre deux livres, ils règlent leurs comptes politiques. François Mauriac règle les siens dans son « Bloc-notes » de *L'Express*.

Françoise Sagan

1958
Cinéma
La planète rit et pleure avec *Sissi*. Le scope fait son cinéma géant. Hollywood fait toujours recette. Les Italiens installent leurs immortels en i : Fellini, Rossellini, Visconti, Antonioni, Risi... L'URSS traverse le rideau de fer pour recevoir la palme d'or au Festival de Cannes 1958, avec *Quand passent les cigognes*. Le cinéma français ne dort que d'un œil. La Nouvelle Vague arrive.

AQUETT
LOG
D'UR
LESSI

L'abbé Pierre, l'insurrection de la bonté

« Mes amis, au secours »... C'est par ces mots que l'abbé Pierre va réunir des bénévoles pour secourir des familles en détresse au cours de l'hiver 1954. Son action continue aujourd'hui encore : les compagnons d'Emmaüs sont toujours au service des plus pauvres.

L'hiver 1954 est rude. Début janvier, un bébé est mort dans une vieille carcasse d'autocar, sur l'un de ces campements de fortune qui fleurissent aux portes des grandes villes. C'est le résultat des destructions massives de la guerre, mais aussi de l'imprévoyance : le parc immobilier était déjà insuffisant en 1939. Les familles s'entassent dans des habitats précaires ou délabrés en attendant la reconstruction.

Quête de l'abbé Pierre pour la construction de logements d'urgence, le 5 mars 1954

Cet hiver-là, blouson de cuir râpé sur la soutane, c'est un prêtre pas comme les autres qui oblige les nantis à ouvrir les yeux sur le scandale. Pour lancer son offensive contre l'intolérable, l'abbé Pierre va se servir, tel un « pro » de la communication, de ceux que l'on n'appelle pas encore les médias. D'abord *Le Figaro*, où il parvient à faire publier une lettre ouverte au ministre de la Reconstruction. Il est indigné, et le dit sans précautions, de voir des gens qui ont un salaire mais pas de toit. Il prête sa voix aux sans-voix : « On n'est pas des gens méchants, monsieur le Ministre (...), on n'est pas des mendiants, on gagne son pain, on veut bien payer son loyer. » Ainsi secoué, le ministre assistera sous la neige (et sous les objectifs des photographes) à l'enterrement du bébé dans un petit cimetière de la banlieue parisienne. Mais l'abbé ne se contente pas de ce geste. Le 1er février, il met en concurrence les radios de l'époque. Après avoir convaincu, avec l'aide d'un ami, la radio d'État de diffuser un message qu'il dicte au téléphone, il arrive en trombe à Radio Luxembourg : « Si vous ne voulez pas être en retard sur la Radiodiffusion française, il est temps de me donner le micro. » On le lui donne : « Mes amis, au secours ! Une femme vient de mourir gelée, cette nuit, sur le boulevard Sébastopol... » La voix éraillée enfle sous l'effet de la colère. Elle demande, elle exige. Il faut, pour ce soir même, des tentes, des couvertures, des poêles.

L'abbé Pierre prenant la parole en public, lors de l'hiver 1954

Il est 13 heures 10. À 14 heures, la rue La Boétie, où l'abbé a donné rendez-vous aux éventuels donateurs, doit être fermée à la circulation tant est dense la foule des gens qui offrent vêtements, argent, matelas, bijoux... L'insurrection de la bonté est en route.

Le drôle de curé à la barbe hirsute quitte la lumière des projecteurs pour reprendre, avec ses compagnons, son humble travail de chiffonnier. Pas pour longtemps. L'abbé est condamné à la célébrité. Des sans-logis aux SDF, il lui reste à parcourir un demi-siècle de misère qu'il dénonce, sans cesse et partout, en faisant des « coups » avec l'aide de ses amis journalistes. On le verra, à plus de quatre-vingts ans, perclus de rhumatismes, soutenir les squatters en allant dormir chez eux. Déçu de n'avoir pu faire reculer définitivement la misère au sein de notre société de consommation ? Non. Il ne s'est pas fait d'illusions en engageant le combat contre l'indignité. C'est un combat à perpétuité.

Quelques dates dans la vie de l'abbé Pierre

5 août 1912

Naissance
Henri Grouès naît à Lyon, dans une famille de la bourgeoisie catholique. À l'âge où les jeunes de sa condition vont à la faculté, il opte pour la vie monastique. Il devient frère Philippe chez les Capucins. Neuf ans plus tard, il est vicaire à Grenoble.

L'abbé Pierre, député MRP, en 1951

1942

La Résistance
Le père Henri Grouès entre dans la Résistance active sous un nom de guerre qu'il ne quittera plus : l'abbé Pierre. Il fait passer juifs et résistants en Suisse, parmi lesquels Jacques de Gaulle, le frère cadet du Général.

1945

L'homme politique
À la Libération, l'abbé Pierre rejoint les rangs du parti démocrate chrétien, le MRP. Il est élu député de Meurthe-et-Moselle en 1945. Ses indemnités parlementaires servent à financer ses premières actions d'hébergement.

La « cellule » que Jean Prouvé réalise à la demande de l'abbé Pierre en 1955

1949

La communauté d'Emmaüs
Après une rencontre avec un ancien bagnard au bord du suicide, il fonde la communauté des chiffonniers d'Emmaüs. Exclus et bannis de la société y retrouvent une dignité en mettant leur travail au service des plus pauvres.

Avis de passage d'une équipe Emmaüs à Chateauroux, en 1972

1954

L'hiver terrible
Le « chiffonnier de Dieu » entre vivant dans la légende en réveillant la foule des passifs pour l'entraîner dans le premier grand élan de solidarité de notre histoire contemporaine en faveur des exclus. Deux films seront consacrés au Robin des Bois en soutane.

1994

Les nouveaux pauvres
Quarante ans plus tard, RTL célèbre l'anniversaire de l'hiver 1954, en invitant l'abbé à renouveler son appel. Entre-temps, les pauvres sont devenus des « nouveaux pauvres », puis des RMIstes, et des SDF – des sans-domicile fixe. La fondation Emmaüs compte en France 103 communautés et 4 000 compagnons.

L'abbé Pierre à l'UNESCO, en 1988

La bataille de Diên Biên Phu marque la fin de la guerre d'Indochine

1954

Le 7 mai 1954, le camp retranché que les Français ont établi dans la cuvette de Diên Biên Phu, au nord-ouest de Hanoï, tombe entre les mains du Vietminh. Cette défaite entraîne la capitulation des Français et met un terme à leur présence en Indochine.

Après l'échec, en 1950, des différentes tentatives politiques entre la France et le Vietminh, la guerre d'Indochine entre dans sa phase militaire. L'arrivée du général de Lattre est accompagnée de la définition d'une nouvelle stratégie militaire, marquée rapidement par des succès notoires. Le général Giap, qui commande les forces du Vietminh, répond par une attaque dans le delta du Mékong. Une aide matérielle est demandée aux Américains. De Lattre remporte encore quelques victoires en pays thaï. Le général haut-commissaire meurt en 1952.

Des unités de parachutistes français atterrissent pendant la guerre d'Indochine au nord du Vietnam.

Le corps expéditionnaire poursuit ses opérations de harcèlement. Giap échoue devant Na San, tandis que les Français opèrent sur les hauts plateaux. Le Vietminh lance alors une offensive sur le Laos en 1953.

En métropole, ce que les communistes appellent la « sale guerre » est de plus en plus mal perçue. En 1953 arrive un nouveau commandant en chef, le général Navarre. Il opère le dégagement de la plaine des Jarres et de Luang Prabang au nord du Tonkin. En novembre est décidée l'opération Castor et l'installation de la base de Diên Biên Phu. Son objectif est de regrouper des troupes pour fermer le verrou du Laos, soutenir le maquis thaï, hostile au Vietminh, et attirer les divisions de Giap pour les briser. Douze mille hommes sont rassemblés dans la cuvette montagneuse, douze bataillons, un groupe d'artillerie et un escadron de chars.

Giap réunit trente-trois bataillons, soit près de 30 000 hommes des 308e et 316e divisions, qui seront renforcés par les 25 000 hommes de la 304e. Il dispose, grâce à une puissante aide militaire de la Chine, de milliers de canons.

Le 13 mars 1954, la bataille commence. Elle va durer deux mois. Giap, qui a installé ses canons sur les hauteurs dominant le camp, l'écrase sous un déluge d'artillerie. Les Français, commandés par le général de Castries, se défendent héroïquement et infligent à l'ennemi de lourdes pertes. Le 1er avril, la chute du camp retranché est envisagée. Jusqu'au dernier moment, les DC 3 se posent sur le terrain de fortune installé au milieu du camp. Quand ce dernier devient impraticable, le ravitaillement en hommes et en matériel se fait par parachutage. Les fortins baptisés de prénoms féminins – Gabrielle, Isabelle – tombent les uns après les autres, à la suite de combats acharnés. Le 7 mai, la garnison capitule. 3 500 combattants sont morts du côté français, 10 000 du côté du Vietminh. Des milliers de prisonniers passeront plus d'un an dans les camps du Vietminh.

Le président Pierre Mendès France lors de la Conférence de Genève, en 1954

Pierre Mendès France, nouveau président du Conseil après la chute du cabinet Laniel, signe les 20 et 21 juillet 1954 les accords de Genève qui consacrent la coupure du Vietnam en deux, à la hauteur du 17e parallèle. Des élections sont prévues pour 1956. Elles n'auront jamais lieu.

Plus de 50 000 hommes – Français, Nord-Africains, Sénégalais, légionnaires – périssent en Indochine dans une guerre que l'opinion publique française n'acceptait ni ne comprenait.

Principales étapes de la guerre d'Indochine

2 septembre 1945

La république populaire
Le chef du parti communiste indochinois Hô Chi Minh proclame à Hanoï la République démocratique du Vietnam, à la suite d'une vague de manifestations réclamant l'indépendance.

Soldats français quittant le port de Marseille pour gagner l'Indochine

novembre 1946

Langson
À Langson, au nord-est d'Hanoï, les échauffourées meurtrières se multiplient. Le 20 novembre, un détachement français se rendant au cimetière est attaqué. L'amiral Thierry d'Argenlieu décide alors de « donner une dure leçon » au Vietminh, et ordonne le bombardement de Haïphong.

5 juin 1948

La monarchie constitutionnelle
Après l'échec d'une tentative d'armistice avec Hô Chi Minh le 1er mai 1947, la France choisit de négocier avec l'ancien empereur Bao Dai et aboutit aux accords de la baie d'Along, aux termes desquels elle reconnaît l'indépendance du Vietnam au sein de l'Union française.

Hô Chi Minh

16 janvier 1950

La formation des alliances
Le nouveau gouvernement communiste de la Chine et l'URSS s'allient avec le Nord-Vietnam, tandis que la Grande-Bretagne et les États-Unis assurent une aide militaire à la France. Malgré tout, l'armée française ne peut s'imposer contre la guérilla du Vietminh.

La cuvette de Diên Biên Phu, 1954

21 juillet 1954

Traité d'armistice
Après la défaite de Diên Biên Phu, le traité d'armistice signé à Genève prévoit la partition provisoire du pays. Les gouvernements de Saïgon et de Hanoï s'engagent à organiser des élections dans l'ensemble du Vietnam avant juillet 1956.

Octobre 1956

Limogeage de Bao Dai
Par référendum, Ngô Dinh Diem, alors Premier ministre du Sud-Vietnam, écarte Bao Dai du pouvoir. S'appuyant sur sa police secrète, le nouveau dirigeant ne tarde pas à affronter directement les milices vietcong.

Ngô Dinh Diem

Le Boeing 707, pionnier des jets

Lorsque le Boeing 707 américain effectue avec succès son premier vol en juillet 1954, l'avion britannique Comet 1 De Havilland, qui a inauguré en 1952 l'ère des avions civils à réaction, doit céder la place.

Avec une vitesse de croisière de 800 km/h environ, le Comet 1 diminue les temps de vol de moitié par rapport aux avions à hélices. Grâce à neuf avions de ce type, qui peuvent accueillir 36 passagers, la société britannique BOAC effectue les premiers vols réguliers du monde en avion à réaction.

William Edward Boeing, 1934

À la joie succède la déception. Sans qu'on puisse trouver d'explications immédiates, deux Comet explosent en vol entre mai 1953 et janvier 1954, et lorsque le 8 avril 1954 un troisième subit le même sort entre Rome et Le Caire, avec 21 personnes à bord, les autres Comet sont cloués au sol. Une enquête longue et difficile, qui va jusqu'à détruire un des appareils restants, conclut à une défaillance mécanique.

C'est seulement quatre ans et demi plus tard, en octobre 1958, que le tout nouveau Comet 4 peut reprendre du service. Sur la ligne transatlantique Londres-New York, il se livre à une concurrence acharnée face au Boeing 707 qui vient d'être mis en service en 1958. Mais à la suite de l'annulation de la commande de 14 Comet 4 par la compagnie américaine Capital Airlines, l'appareil britannique ne peut s'imposer en Amérique du Nord et doit laisser la place à son concurrent.

Celui-ci vole depuis le 15 juillet 1954. Le Boeing 707 subit quatre années d'essais avant d'assurer son premier service de passagers à l'automne 1958 pour le compte de la compagnie américaine Pan Am, qui le présente comme « l'avion le mieux éprouvé de l'aviation civile ». Le Boeing 707, capable de voler à une vitesse supérieure à celle du Comet 4 avec un plus grand nombre de passagers, devient rapidement l'avion long courrier le plus utilisé du monde.

L'année qui suit la mise en service du Boeing 707 est cependant marquée par de nombreux incidents. Le 3 février 1955, un Boeing 707 transportant 114 passagers au-dessus de l'Atlantique amorce une descente en piqué à 11 000 m d'altitude, à hauteur de Terre-Neuve,

À la fin des années 50, le Boeing 707 est le plus gros avion à réaction au monde.

à cause d'une erreur du pilote automatique ; il n'est redressé qu'*in extremis*. Au cours de l'été, les incidents au décollage et à l'atterrissage se multiplient, sans cependant entraîner de désastre. La presse titre « L'ombre de la mort plane sur Idlewild » lors de l'incident qui se produit sur l'aéroport new-yorkais le 11 juillet : au décollage, un Boeing, avec 102 passagers à son bord, perd deux roues. Après avoir tourné pendant quatre heures au-dessus de la ville, l'avion de 120 tonnes peut enfin se poser sur un tapis de mousse dont on a revêtu la piste d'atterrissage.

Le Boeing 707 est le premier d'une longue suite d'appareils construits par la firme de Seattle, dont le fameux Boeing 747, le gros porteur le plus utilisé au monde. Son intense carrière opérationnelle se poursuit toujours. Aujourd'hui, le constructeur américain – qui vient de s'allier à McDonnell Douglas – équipe 60 % des flottes civiles du monde.

Les principaux avions civils du monde

1935

Le Douglas DC-3
Le Douglas DC-3, dont le premier vol a lieu en 1935, est construit à plus de 13 000 exemplaires. Il a été l'avion de transport le plus utilisé du monde, tant à des fins civiles que militaires. Pour le général Eisenhower, c'est un des facteurs de la victoire des Alliés en 1945.

DC-3

1947

Le Lockheed L-749 Constellation
Après son premier vol le 9 janvier 1943, l'appareil est mis en service régulier le 3 février 1946 par la Pan American. Il reste comme le dernier et un des meilleurs avions de transport équipé de moteurs à piston. Il mettait 19 heures et 46 minutes pour faire Paris-Washington, en volant à 504 km/h, à 6 000 m d'altitude.

Constellation

1959

La Caravelle
Premier avion commercial à réaction réalisé en France, la Caravelle est conçue pour les courts et moyens courriers. Elle vole à 779 km/h à une altitude de 10 670 m, avec 99 passagers à bord. Elle équipe de nombreuses compagnies dans le monde entier, y compris aux États-Unis. Le dernier modèle, la Super Caravelle, peut transporter 140 passagers.

Caravelle

1969

Le Concorde
Cet avion de transport supersonique franco-britannique effectue des vols transatlantiques de façon régulière à partir de 1976. Il effectue le trajet Paris-New York (6 200 km) en quatre heures. Seuls 16 appareils ont été construits. Ils volent toujours aujourd'hui.

Concorde

1969

Le Boeing 747
Ce jumbo-jet qui effectue son premier vol en 1969 est un des plus gros avions de transport existant, pouvant accueillir de 350 à 500 passagers. Il est présent sur toutes les lignes du monde.

1972

L'Airbus A-300
L'Airbus est un projet communautaire européen. Il effectue son premier vol en 1972. Développé en de nombreuses versions, c'est le principal concurrent des Américains.

Airbus A-300

Fellini et le néo-réalisme italien

Le succès remporté par Federico Fellini avec *La Strada*, en 1954, où joue Giulietta Masina, suscite chez les néo-réalistes une vive critique. Ils lui reprochent de ne pas y avoir concilié l'étrangeté de la vie et les principes de leur école.

Fellini se sent très proche des néo-réalistes Pietro Germi et Roberto Rossellini : il a étroitement collaboré avec eux durant les années 40 – entre autres comme coauteur avec Rossellini de *Rome, ville ouverte* (1945). Après ses premiers pas de metteur en scène avec *Amore* (1951) et *Les Vitelloni* (1953), il commence à tourner un grand film, *La Strada*, salué avec enthousiasme par François Mauriac.

Federico Fellini lors de la remise d'un oscar pour *Les Nuits de Cabiria*, en 1957

Fellini y raconte l'histoire d'un baladin, Zampano (Anthony Quinn), qui achète pour 10 000 lires l'ingénue Gelsomina (Giulietta Masina), afin qu'elle l'assiste lors de ses représentations. La jeune fille, simple et naïve, ne reçoit de lui que réprimandes et coups, bien qu'elle se plie à tous ses caprices. Lorsque le funambule Il Matto s'adresse à elle avec amitié, Gelsomina est heureuse de la tendresse qu'il lui témoigne. Dans un accès de fureur et de jalousie, Zampano – que la jeune fille finit par aimer d'un amour muet – la roue de coups et la chasse. En apprenant sa mort, quelques années plus tard, Zampano reconnaît combien il lui était attaché.

Anthony Quinn et Giulietta Masina, les deux principaux interprètes de *La Strada* de Federico Fellini

On reproche à Fellini une « étrangeté vis-à-vis de la réalité » : le metteur en scène n'illustre pas la destinée quotidienne du peuple italien, mais il invente une histoire, et son film n'a pas de « fin réaliste », bien au contraire. Beaucoup de critiques interprètent cet aspect du film comme un message selon lequel toute vie a un sens et qu'elle peut être transfigurée par l'amour. En fait, Fellini n'a pas cherché à dépeindre la société ni à la critiquer. Ce qui lui importe, c'est de raconter un souvenir d'enfance qu'il introduit dans son récit. Voilà ce que refusent de reconnaître les néo-réalistes, car ils demandent que l'on montre la vie telle qu'elle est en réalité et non telle qu'on la rêve.

Pour Fellini, cette vision des choses est trop limitée : « Pour moi, le néo-réalisme offre la possibilité de voir la réalité sans préjugé, sans sacrifier aux conventions. Le réalisme n'est pas un panorama à une seule dimension. Par exemple, un paysage a des couches de densités

diverse et la plus profonde, que seul un langage poétique peut révéler, n'est pas la moins réelle. »

Les critiques cinématographiques des autres pays ne partagent pas le point de vue des néo-réalistes italiens. Le rédacteur en chef de la revue *Les Cahiers du cinéma*, André Bazin, voit dans la mise en scène de ce film des images réalistes et dans la description sans artifice des personnages des rapports évidents avec le néo-réalisme. Il forge pour le style de Fellini la notion de « néo-réalisme du personnage ». De cette façon, il entend montrer que, pour l'Italien, l'important dans la description réaliste réside en premier lieu dans la subjectivité des individus.

Malgré les critiques qu'elle suscite, *La Strada* connaît un succès considérable. L'interprétation de Giulietta Masina est inoubliable, comme la musique de Nino Rota. En 1954, Fellini reçoit le lion d'argent au festival de Venise et, trois ans plus tard, l'oscar du meilleur film étranger pour *Les Nuits de Cabiria*.

Réalisateurs italiens les plus célèbres

1901-1974
Vittorio De Sica
De Sica travaille d'abord comme acteur, jusqu'à ce qu'il tourne lui-même son premier film. En 1948, il réalise avec le scénariste Cesare Zavattini le premier chef d'œuvre du cinéma néo-réaliste, *Le Voleur de bicyclette* (1948).

Vittorio De Sica en compagnie de Sophia Loren

1906-1977
Roberto Rossellini
Pendant la Seconde Guerre mondiale, Rossellini tourne quelques films de propagande fasciste. En 1945, il trouve la célébrité avec *Rome, ville ouverte,* suivi du classique du néo-réalisme, *Paisà* (1946).

Né en 1912
Michelangelo Antonioni
Venu à la mise en scène par la critique et le documentaire, il tourne son premier long métrage *Chronique d'un amour* en 1950, film remarqué pour son analyse psychologique et sociale. Avec *L'Avventura* (1960), *La Nuit (1961)* et *l'Éclipse* (1962), il se présente comme un des maîtres de l'incommunicabilité.

Michelangelo Antonioni

1922-1975
Pier Paolo Pasolini
Écrivain et scénariste, il devient metteur en scène en 1961. Dans *Mamma, Roma* (1962), il montre les fléaux sociaux de l'Italie. Au cours des années 70, il tombe dans le discrédit à cause de ses représentations impitoyables de la violence et de la sexualité. *Théorème* (1968), *Le Décaméron* (1971) et *Les 120 Journées de Sodome* (1975) font partie des grandes œuvres de l'histoire du cinéma.

Pier Paolo Pasolini

Né en 1941
Bernardo Bertolucci
Dans ses films, Bertolucci s'en prend souvent au fascisme italien. S'inspirant de Stendhal pour *Prima della rivoluzione* (1964), de Borges pour *La Stratégie de l'araignée* (1969), ou encore de Moravia pour *Le Conformiste* (1970), il demeure avant tout un esthète. Il accède à la célébrité mondiale avec un film d'une très grande liberté, *Le Dernier Tango à Paris* (1972).

Bernardo Bertolucci

Porter une robe de Dior, le rêve de toutes les femmes

L'essor économique ainsi que l'envie d'oublier les années de pénurie font des années 50 la décennie de la mode. La haute couture parisienne en est le joyau. Elle présente une femme séduisante et féminine.

Le roi de la haute couture des années 50 est sans aucun conteste Christian Dior, né en Normandie en 1905. Après avoir connu l'échec avec une galerie d'art contemporain, cet étudiant en sciences politiques commence, dans les années 30, à dessiner ses premiers modèles pour la modiste Agnès, puis pour les couturiers Schiaparelli et Lelong.

En 1946, soutenu financièrement par l'industriel Marcel Boussac, il ouvre à Paris sa propre maison de couture. Dès sa première collection, qualifiée par la presse euphorique de « new-look », le succès est immédiat. Des lignes élancées, des tailles de guêpe et des jupes longues en corolle donnent le ton de la mode internationale. Ses formes près du corps ou évasées sont au goût du jour : elles soulignent et mettent en valeur la silhouette de la femme. Pour sa nouvelle carrière de chanteuse, Marlene Dietrich se fait dessiner par Christian Dior une robe moulante, ornée de pierres semi-précieuses et de strass, et taillée dans un tissu transparent de couleur chair.

Christian Dior en personne met la dernière main à la robe qu'il vient de créer pour la star d'Hollywood, Jane Russell.

À l'inverse de Dior, dont les modèles sont réservés à un public sélectionné qui veut être le seul à les porter, une autre créatrice de mode se félicite de reproduire en grand nombre ses créations : « Cela ne m'intéresse plus d'habiller quelques centaines de femmes », explique Coco Chanel qui effectue en 1954 – à l'âge de 71 ans – un spectaculaire retour, grâce à son élégant tailleur intemporel. « Je veux habiller toutes les femmes. » Et tous les couturiers se mettent sur-le-champ à l'imiter.

À côté de la haute couture parisienne, l'*alta moda* italienne se taille également une belle réputation, et va même jusqu'à influencer certains Français. C'est le cas de la ligne inspirée de la forme des épis de maïs que crée Germana Marucelli en 1956-1957.

La mode masculine italienne, par son style très jeune, fait une forte concurrence aux créations britanniques par trop conservatrices. Dans le même temps se développe une politique commerciale tournée vers le grand public. De grands couturiers italiens – tels qu'Emilio Pucci, Emilio Schuberth et Simonetta – se regroupent à partir de 1951 pour fonder l'*alta moda italiana*, fédération qui présente ses modèles aux acheteurs et aux journalistes du monde entier, deux fois par an, au Palazzo Pitti à Florence.

Introduction des tendances hawaiiennes dans la mode masculine

Le secteur de la mode se développe également en Allemagne. Oestergaard et Schulze-Varell comptent parmi ceux qui se font un nom dans leurs salons de Berlin.

Le cinéma joue un rôle important dans ce domaine. Les stars de l'écran sont les meilleures ambassadrices de la haute couture qui sert de moteur à toute l'industrie du prêt-à-porter. Ce dernier reste encore à cette époque l'apanage des pays développés et offre d'énormes débouchés à l'industrie textile. La crise ne viendra que plus tard, avec la montée en puissance des pays d'Extrême-Orient contre lesquels les fabricants auront beaucoup de mal à se défendre.

Les grands couturiers des années 50

1890-1973

Elsa Schiaparelli

D'origine italienne, cette couturière française rencontre le succès dans les années 20 en proposant des tricots dont le style résolument moderne la situe immédiatement en opposition avec Coco Chanel. Elle ouvre sa maison de couture en 1934. Elle se fait l'apôtre des contrastes – contraste des couleurs, des matières, des lignes. Elle introduit le rose très vif *shocking* et le goût des accessoires, du sac au parfum (Shocking et Le Roy Soleil, dont le flacon est dessiné par Dalí). Sa maison ferme en 1954.

Une création d'Elsa Schiaparelli

1903-1984

Louis Reard

Dès 1946, le créateur français présente le bikini révolutionnaire. Les milieux conservateurs s'insurgent contre celles qui osent mettre un deux-pièces. Ils critiquent l'incitation à la débauche que constitue cette nouvelle création. Reard s'inspire des premiers deux-pièces créés dans les années 20, plus pudiques. Il baptise ce vêtement du nom d'un atoll des îles Marshall, dans lequel les États-Unis viennent de faire des essais nucléaires.

Le bikini domine la mode des années 50.

1914-1982

Pierre Balmain

Après des études d'architecture, il se consacre à la couture. Il fait son apprentissage chez Molyneux (1934) puis chez Lelong (1939) avant d'ouvrir sa propre maison en 1945. De sa formation, il garde le goût d'un style simple et distingué qui donne naissance au personnage de la « jolie madame ». Il s'intéresse au prêt-à-porter, aux parfums et à la mode masculine, pour laquelle il ouvre un magasin en 1976.

Janine Holland, l'« US Cotton Queen 1951 » présente un modèle de Pierre Balmain.

Né en 1927

Hubert de Givenchy

Après l'école des Beaux-Arts, Givenchy travaille chez Fath, Lelong, Piguet et Schiaparelli. Dans de nombreux films, l'actrice Audrey Hepburn porte des vêtements signés Hubert de Givenchy. Il habille d'autres stars d'Hollywood. Puis il étend son activité au prêt-à-porter.

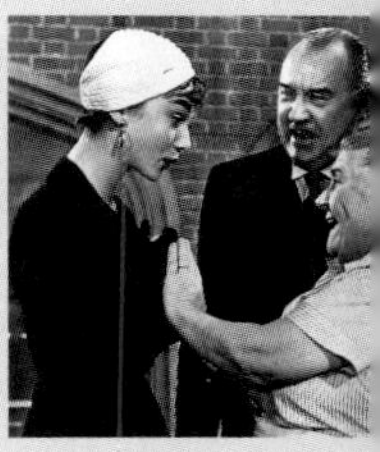

Audrey Hepburn et Hubert de Givenchy lors d'un essayage

Création du bloc des non-alignés

Lorsque, du 18 au 24 avril 1955, les délégués de 29 États d'Afrique et d'Asie se rencontrent en Indonésie à Bandung, ils cherchent à définir une troisième voie entre les blocs militaires de l'OTAN et du pacte de Varsovie, celle des pays non alignés.

Lors de la première conférence afro-asiatique, prélude aux futures conférences des pays non alignés, se réunissent 1 500 délégués de pays n'appartenant ni à l'OTAN ni au pacte de Varsovie. Durant six jours, ils délibèrent sur leur coopération économique et culturelle, et ils affirment leur volonté de défendre en commun leurs intérêts vis-à-vis des grandes nations industrielles.

Nasser (à gauche) et le ministre indonésien de la Communication Gani

Les délégués, représentant environ 1,4 milliard d'hommes – soit plus de la moitié de la population mondiale de l'époque – s'engagent à prendre des mesures communes pour surmonter les conséquences du colonialisme.

Un nombre important de résolutions doit provoquer une relance de l'économie dans tous les pays participants, créant ainsi les conditions nécessaires à la croissance des pays en voie de développement ; les participants envisagent une aide réciproque pour l'établissement de projets industriels, assortis de la garantie de droits de douane privilégiés. Les matières premières produites en Afrique et en Asie doivent cesser d'être exclusivement destinées à l'exportation dans les pays développés. Il faut créer des industries de transformation dans les pays producteurs. En vue d'améliorer la coordination de leurs intérêts, les délégués décident de se consulter avant la signature de tous contrats et traités commerciaux. En dépit de leur grande euphorie, ils sont conscients qu'ils ne peuvent se passer de l'appui financier et technologique des nations industrielles. C'est pourquoi ils encouragent les investissements étrangers sur leurs territoires.

Dans leur communiqué final, ils s'en prennent avec force à toutes les formes de capitalisme et d'ingérence étrangère. Ils visent particulièrement la France, dont la politique coloniale en Afrique est vivement condamnée, notamment au Maroc et en Algérie.

À Bandung, on aborde aussi les conflits entre les pays non alignés. Ainsi, on s'explique sur le différend

Arrivée de Zhou Enlai, Premier ministre de la République populaire de Chine, à la conférence des pays non alignés de Bandung

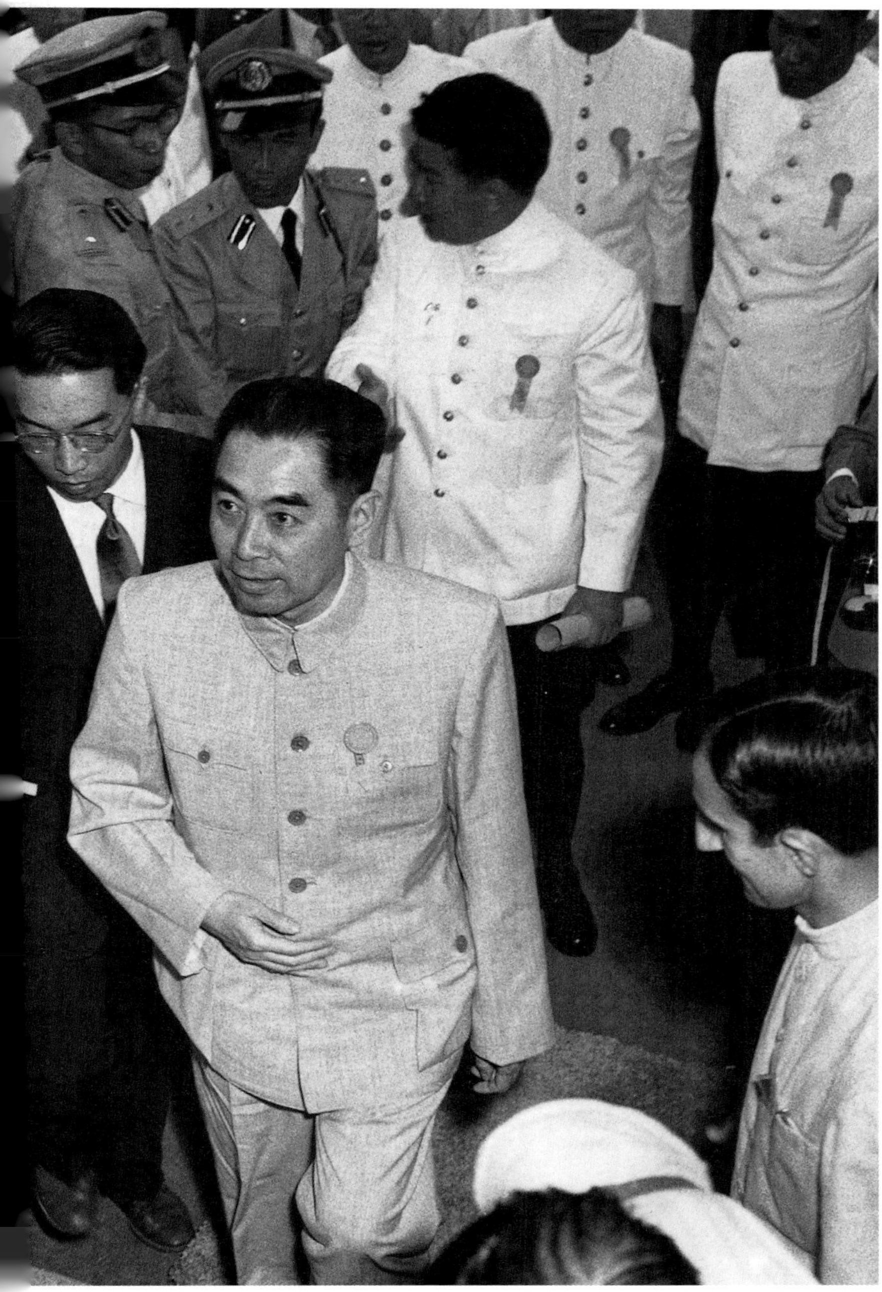

entre la République populaire de Chine et la Chine nationaliste de Formose (Taïwan). Pour la première fois, le ministre chinois Zhou Enlai fait connaître l'intention de son pays d'ouvrir des négociations avec les États-Unis, puissance protectrice de Formose, revendiquée par la Chine. Quelques jours plus tard le président Dwight Eisenhower, malgré la vive opposition de la Chine nationaliste, se déclare disposé à ouvrir des pourparlers avec la République populaire de Chine.

Six ans plus tard, du 1er au 6 septembre 1961, se tient la première conférence des pays non alignés à Belgrade. Les États du tiers-monde disposent désormais d'une voix autorisée. Dans les décennies qui suivent, cette coopération prend corps dans la création du groupe 77, chargé des questions économiques et du développement international. Entre-temps, plus de 130 pays y adhèrent ; à la suite, les États latino-américains entrent à leur tour dans le mouvement des pays non alignés.

Les dirigeants politiques des pays non alignés

1889-1964
Jawaharlal Nehru
Celui qui avait lutté pour obtenir l'indépendance de l'Inde devient, en 1947, le premier chef d'État de son pays. Sa politique de pays non aligné et de coexistence pacifique passe pour exemplaire. En 1956, après la répression sanglante du soulèvement de Budapest, il est le seul parmi les non-alignés à soutenir l'URSS à l'ONU, provoquant ainsi une vague de protestations.

Jawaharlal « Pandit » Nehru

1892-1980
Josip Broz Tito
Le chef du parti communiste de Yougoslavie rompt en 1948 avec la politique de l'URSS pour adopter une ligne communiste originale, établie sur le principe de l'autogestion. En politique extérieure, non sans habileté, il maintient l'indépendance de son pays. En qualité de porte-parole des pays non alignés, il défend la coexistence pacifique de toutes les nations.

Josip Broz Tito

1901-1970
Ahmed Sukarno
En tant que combattant de la liberté contre la puissance coloniale des Pays-Bas, il est le premier chef d'État de l'Indonésie et on le fête comme un héros de son peuple. En politique étrangère, il est au début soucieux de neutralité. Il fait partie des initiateurs de la conférence de Bandung. À partir de la fin des années 50, il met en place un régime dictatorial et s'oppose à l'Occident, avec l'appui de la Chine.

Ahmed Sukarno

1918-1970
Gamal Abdel Nasser
L'Égyptien fait partie des putschistes qui renversent en 1952 le roi Farouk. Deux ans plus tard, il devient chef d'État. Avec l'aide de l'URSS, il construit le barrage d'Assouan, après que la Grande-Bretagne et les États Unis lui ont retiré leur appui financier, notamment à cause de sa politique non alignée. Lorsqu'en 1956, sous les pressions américaines et russes, les Britanniques et les Français doivent évacuer la zone de Suez, Nasser devient le leader incontesté du mouvement panarabique dont l'objectif est l'unité de toutes les nations arabes.

Gamal Abdel Nasser

La chapelle de Le Corbusier

L'architecte franco-suisse Le Corbusier est l'un des grands révolutionnaires de l'architecture moderne. En 1955, sa chapelle de Notre-Dame-du-Haut à Ronchamp, dans les Vosges, se dresse à la place d'une chapelle sinistrée du XVe siècle.

Le Corbusier – Charles Édouard Jeanneret-Gris de son vrai nom – naît le 6 octobre 1887 à La Chaux-de-Fonds en Suisse. Son père est graveur, sa mère peintre. À 14 ans, Charles Édouard s'inscrit à l'école d'art pour apprendre le métier de son père. Dès cette époque, l'architecture le fascine ; à 18 ans, il conçoit sa première maison. Lors d'un de ses voyages en Europe, il séjourne à Berlin, où il travaille dans un studio de design industriel et fait la connaissance de Walter Gropius et de Ludwig Mies van der Rohe, les futurs pionniers du mouvement du Bauhaus.

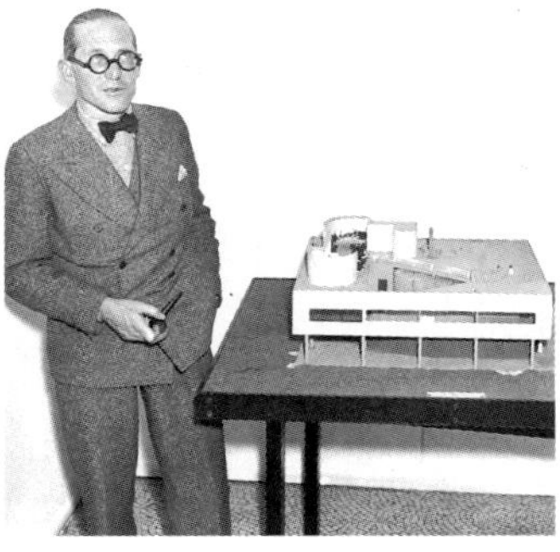

L'architecte Le Corbusier présente une maquette de la villa Savoye.

Après la Première Guerre mondiale, il prend le nom d'un de ses grands-parents, Le Corbusier, et se tourne d'abord vers la peinture. À Paris, où il est installé depuis 1917, il fait partie des membres fondateurs du purisme, un mouvement dans la lignée du cubisme, qui préconise de ne garder que l'essentiel des formes claires et strictes, dotées de couleurs sobres. Un an plus tard, il exprime son désir d'une « nouvelle architecture » dans des essais polémiques parus dans la revue *L'Esprit nouveau*.

Les fenêtres apparemment « désordonnées » au premier coup d'œil, de la chapelle Notre-Dame-du-Haut à Ronchamp, servent à façonner l'espace intérieur.

Ses projets d'urbanisme sont totalement neufs en regard de l'architecture traditionnelle. Le Corbusier est partisan d'une séparation nette en zones de fonction, suivant les différentes activités que sont la circulation, les loisirs, l'habitat et le travail. Ses projets pour les banlieues prévoient des rues géométriques, que l'on peut élargir, et des immeubles à plusieurs étages au milieu de parcs. En ce qui concerne le problème du logement, il s'avère un farouche adversaire de la politique française, favorable à la construction de pavillons dans les banlieues.

À côté des grandes cités à habitat vertical, Le Corbusier conçoit de nombreuses villas privées. Il élabore de nouvelles formes de construction en béton armé : un système de piliers rend les murs porteurs superflus et offre des solutions architecturales plus libres. Les étages ne sont pas disposés les uns au-dessus

des autres ; les espaces et les niveaux s'interpénètrent.

Dans les années 40, il crée deux de ses œuvres les plus célèbres, le ministère de l'Éducation nationale à Rio de Janeiro (1943), et le quartier général de l'ONU à New York (1947). En 1952, la Cité radieuse est achevée à Marseille, marquée par le style monumental appelé brutalisme par Le Corbusier. Enfin, il s'achemine vers des formes de plus en plus sculpturales, traitées à l'aide du Modulor, un système de proportions qu'il a fait breveter en 1945 et qui doit permettre d'accélérer la reconstruction d'après-guerre. La chapelle Notre-Dame-du-Haut à Ronchamp, dans les Vosges, dans cet esprit, est un bâtiment plutôt atypique, car l'architecte renonce à l'ordre géométrique, caractéristique de son style architectural. Avec ses formes courbes, son toit en voile, la chapelle s'adapte de façon idéale au paysage vallonné. Les vitraux colorés créent à l'intérieur des effets de lumière fascinants.

Les œuvres majeures de Le Corbusier

1927

Le Weissenhofsiedlung à Stuttgart

Avec les deux maisons pour le Weissenhofsiedlung, Le Corbusier crée un nouveau type d'habitation. Le Weissenhofsiedlung naît dans le cadre d'une exposition du Deutsches Werkbund (artisanat allemand) d'architectes importants sur le plan international, et est pensé comme un nouveau modèle d'habitation.

Le Weissenhofsiedlung à Stuttgart

1929

La villa Savoye à Poissy

Avec son cousin Pierre Jeanneret, Le Corbusier construit la villa Savoye, où il joue avec une totale maîtrise sur la lumière et la forme. Les pièces habitables de différentes hauteurs, les grandes fenêtres, les terrasses et les escaliers en colimaçon s'articulent dans un espace mobile. Le toit horizontal aménagé en jardin-terrasse convient à la clarté du style architectural cubique.

La villa Savoye à Poissy

1943

Le ministère de l'Éducation nationale à Rio de Janeiro

Le Brésil, qui n'est pas directement touché par la guerre, accueille en pionnier des œuvres d'architecture moderne. Les travaux de construction du ministère de l'Éducation nationale de Rio de Janeiro débutent en 1937. Le Corbusier est conseiller pour les maquettes ; son influence est très sensible. Les plus grands architectes brésiliens participent aussi à ce projet : Lúcio Costa, Oscar Niemeyer et Alfonso Eduardo Reidy.

1952

La Cité radieuse

Dans cette cité bâtie entre 1947 et 1952, Le Corbusier concrétise ses idées sur l'architecture urbaine : des constructions denses érigées sur des piliers en béton (pilotis) qui laissent suffisamment d'espace pour créer de vastes jardins et assurer la circulation des habitants. La Cité comprend aussi des administrations, des magasins et une zone de loisirs située sur le toit. Le Corbusier aère la succession habituelle des étages par l'imbrication d'« unités d'habitation ».

La Cité radieuse à Marseille

La formation du pacte de Varsovie

La création du pacte de Varsovie en réplique à l'OTAN n'est pas seulement une réponse à l'intégration occidentale de la RFA, mais elle vise à associer plus étroitement les États de l'Europe de l'Est à la politique hégémonique de l'URSS.

La création du pacte de Varsovie, le 14 mai 1955, répond à une double évolution : l'antagonisme Est-Ouest, né après la Seconde Guerre mondiale, qui entraîne la guerre froide et la création d'un système de sécurité collectif par les puissances alliées, selon le souhait du président américain Franklin Roosevelt et avec l'accord de l'ONU. Mais c'est surtout la différence de conception des deux blocs sur l'avenir et le rôle de l'Allemagne divisée qui pèse sur l'évolution de la politique mondiale.

Les chefs d'États de l'Europe de l'Est après l'éclatement du pacte de Varsovie, en 1991

Les traités de Paris du 23 octobre 1954 mettent fin, à la date du 5 mai 1955, au régime de l'occupation alliée. Quatre jours plus tard, la RFA devient membre de l'OTAN.

La création, quelques jours après, du pacte de Varsovie est avant tout une réaction à l'échec des conceptions soviétiques sur un système de défense applicable à l'ensemble de l'Europe. Le préambule du pacte de Varsovie évoque le danger d'une troisième guerre mondiale qui naît des nouvelles organisations militaires en présence ; c'est l'Alliance atlantique qui est visée. Ce danger provient en outre de la remilitarisation de l'Allemagne de l'Ouest et de son intégration dans le bloc nord-atlantique. À l'intérieur du bloc de l'Est, la direction soviétique s'efforce de placer les relations avec les États satellites sur une base durable, alors qu'avec Staline, le système de contrôle des démocraties populaires satellites reposait finalement sur les relations du dictateur avec les chefs communistes des autres États. Le réarmement de la RFA fournit l'occasion d'attiser la crainte toujours présente de la menace allemande. La signature du pacte de Varsovie, qui comporte assistance, coopération et amitié, intervient à peine neuf jours après l'entrée en vigueur des traités de Paris.

Le commandement militaire prévu ne se réalise pas, la direction soviétique refusant d'associer les membres du pacte aux prises de décisions militaires. L'entente doit porter sur la mobilisation et l'engagement des troupes, mais le commandement suprême doit toujours revenir à un officier soviétique. Les partenaires renoncent en

Parade militaire de l'armée Rouge le 1er mai 1956 sur la place Rouge, à Moscou

outre à leur autonomie en politique étrangère.

Il faut attendre 1969 pour que, sous la pression de quelques États alliés, on consente un droit d'expression en créant le comité des ministres de la Défense – un an après l'intervention historique des troupes du pacte en Tchécoslovaquie. Seule la Roumanie refuse de participer à l'opération contre le printemps de Prague, bien que le chef du parti communiste de l'URSS, Leonid Brejnev, déclare avant cette prise de décision que son pays ne peut rester insensible à la menace pesant ainsi sur l'édification du socialisme en Europe de l'Est. Cette intervention se situe donc en droite ligne après celles survenue en RDA en 1953 et en Hongrie en 1956.

Après la chute du mur de Berlin en 1989, les nouvelles démocraties, issues des ex-pays satellites, mettent fin au pacte de Varsovie le 1er mai 1991. Cette date sonne le glas de l'hégémonie soviétique, qui se trouve définitivement brisée.

Évolution du pacte de Varsovie

29 septembre 1949
Rupture avec la Yougoslavie
L'URSS dénonce le pacte d'assistance et d'amitié avec la Yougoslavie qui prend ses distances vis-à-vis de l'hégémonie soviétique et reçoit l'appui des États-Unis. La Bulgarie, la Roumanie, la Tchécoslovaquie et la Hongrie suivent l'exemple soviétique.

Imre Nagy

1er décembre 1956
Sortie momentanée de la Hongrie
Le ministre président de la Hongrie Imre Nagy, après la révolte populaire que relaie le régime communiste, dénonce l'appartenance de son pays au pacte de Varsovie. Il tente de définir une politique hongroise indépendante.

Blindés contre manifestants en Hongrie, en 1956

17 décembre 1956
Contrôle de la Pologne
L'accord entre la Pologne et l'URSS sur le stationnement des troupes russes est une des conséquences directes du « printemps de la Pologne » en octobre. À la suite de la déstalinisation et confronté à de graves problèmes économiques, le parti communiste polonais, sous la direction de Gomulka, tente d'ouvrir la voie à une certaine libéralisation, rapidement arrêtée par la décision des Russes de laisser leurs troupes dans le pays.

Manifestants en Pologne, en 1956

7 juin 1968
Retrait de l'Albanie
L'Albanie, qui ne participe plus depuis 1961 aux sessions de la commission politique délibérative, sort du pacte.

21 août 1968
Invasion de Prague
Les troupes du pacte de Varsovie mettent un terme au Printemps de Prague. La Roumanie ne participe pas à la répression et proteste contre l'ingérence dans les affaires intérieures d'un pays partenaire.

Blindés russes dans les rues de Prague, en 1968

1er avril 1991
Fin du pacte de Varsovie
Dans le cadre de la démocratisation de l'Europe de l'Est et du début de la désagrégation de l'Union soviétique, les membres du pacte de Varsovie décident sa dissolution.

Les alliances de la guerre froide

Les Alliés de la Seconde Guerre mondiale entrent dans la guerre froide et s'engagent dans une véritable course aux armements ; on assiste à la création de nouveaux systèmes d'alliance.

Avec les deux guerres mondiales, la politique d'équilibre traditionnelle a définitivement échoué. Le IIIe Reich allemand ne peut être terrassé qu'avec l'aide des États-Unis qui, après 1945, décident d'être la force motrice dans l'établissement d'un nouvel ordre mondial. La politique de « résistance », conçue par l'Américain George Kennan, vise à empêcher toute nouvelle extension de la zone d'influence communiste et soviétique.

Dans les zones de conflit, les alliances confirment la division du monde en deux blocs. L'OTAN, alliance de défense des États-Unis, du Canada et de leurs alliés européens (1949), confirme les fronts en Europe du point de vue de la politique militaire. En 1955, l'Est réagit en créant le pacte de Varsovie, que seule la Yougoslavie rejette dans une Europe de l'Est dominée par le communisme.

Entre-temps, la prise du pouvoir par Mao Zhé dong en Chine et l'offensive communiste soutenue par la Chine et l'URSS en Corée du Nord, suivie de l'intervention américaine (1950) aboutissent à un des premiers points culminants de la guerre froide. L'Ouest réagit en concluant plusieurs alliances : l'Australie, la Nouvelle-Zélande et les États-Unis signent le pacte de sécurité (ANZUS), le 1er septembre 1951. Après la défaite française en Indochine, les États-Unis créent l'OTASE (Organisation des pays de l'Asie du Sud-Est) en 1954. Au Moyen-Orient, la Grande-Bretagne, l'Iraq, l'Iran, le Pakistan et la Turquie s'associent en signant le pacte de Bagdad en 1956, devenu depuis 1959, après le retrait de l'Iraq, l'Organisation du Traité Central (CENTO).

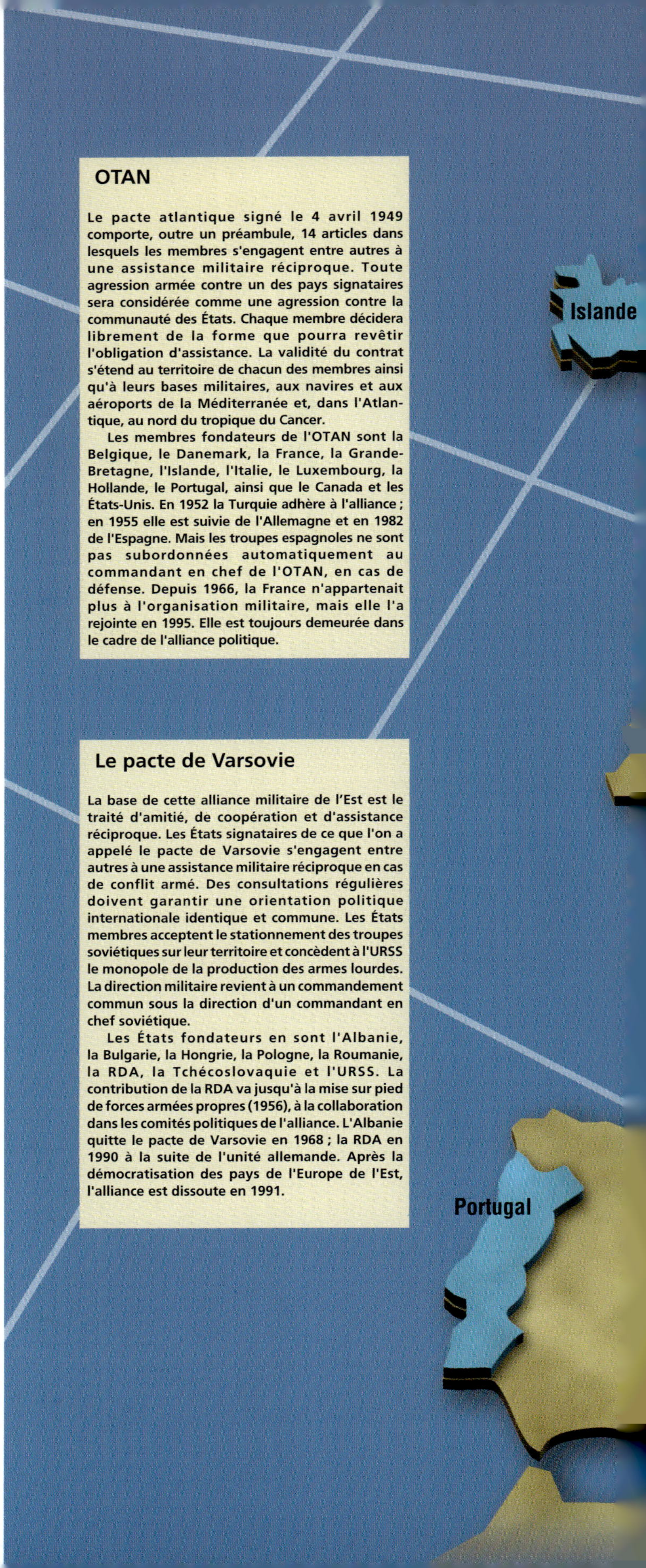

OTAN

Le pacte atlantique signé le 4 avril 1949 comporte, outre un préambule, 14 articles dans lesquels les membres s'engagent entre autres à une assistance militaire réciproque. Toute agression armée contre un des pays signataires sera considérée comme une agression contre la communauté des États. Chaque membre décidera librement de la forme que pourra revêtir l'obligation d'assistance. La validité du contrat s'étend au territoire de chacun des membres ainsi qu'à leurs bases militaires, aux navires et aux aéroports de la Méditerranée et, dans l'Atlantique, au nord du tropique du Cancer.

Les membres fondateurs de l'OTAN sont la Belgique, le Danemark, la France, la Grande-Bretagne, l'Islande, l'Italie, le Luxembourg, la Hollande, le Portugal, ainsi que le Canada et les États-Unis. En 1952 la Turquie adhère à l'alliance ; en 1955 elle est suivie de l'Allemagne et en 1982 de l'Espagne. Mais les troupes espagnoles ne sont pas subordonnées automatiquement au commandant en chef de l'OTAN, en cas de défense. Depuis 1966, la France n'appartenait plus à l'organisation militaire, mais elle l'a rejointe en 1995. Elle est toujours demeurée dans le cadre de l'alliance politique.

Le pacte de Varsovie

La base de cette alliance militaire de l'Est est le traité d'amitié, de coopération et d'assistance réciproque. Les États signataires de ce que l'on a appelé le pacte de Varsovie s'engagent entre autres à une assistance militaire réciproque en cas de conflit armé. Des consultations régulières doivent garantir une orientation politique internationale identique et commune. Les États membres acceptent le stationnement des troupes soviétiques sur leur territoire et concèdent à l'URSS le monopole de la production des armes lourdes. La direction militaire revient à un commandement commun sous la direction d'un commandant en chef soviétique.

Les États fondateurs en sont l'Albanie, la Bulgarie, la Hongrie, la Pologne, la Roumanie, la RDA, la Tchécoslovaquie et l'URSS. La contribution de la RDA va jusqu'à la mise sur pied de forces armées propres (1956), à la collaboration dans les comités politiques de l'alliance. L'Albanie quitte le pacte de Varsovie en 1968 ; la RDA en 1990 à la suite de l'unité allemande. Après la démocratisation des pays de l'Europe de l'Est, l'alliance est dissoute en 1991.

Un rideau de fer sépare l'Est et l'Ouest

La Sarre redevient allemande

À la fermeture des bureaux de vote sarrois le 23 octobre 1955, une décision historique s'inscrit dans les relations franco-allemandes : par 67,72 % des votes exprimés, la Sarre fait de nouveau partie de l'Allemagne.

En vertu du traité de Versailles, la Sarre est placée en 1920 sous l'administration provisoire de la Société des Nations et les mines de charbon sarroises reviennent à la France en compensation des dommages de guerre.

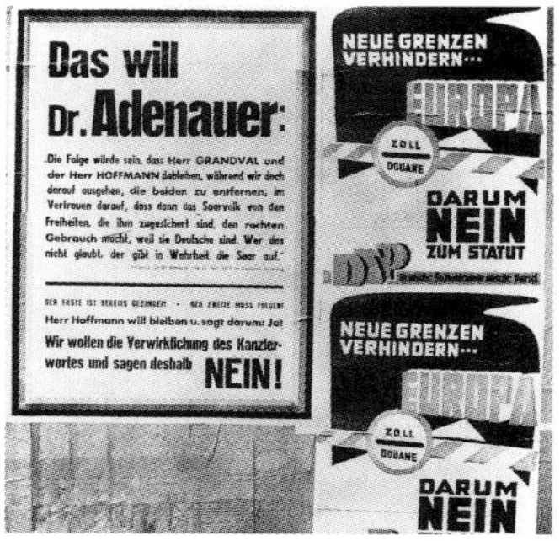

Affiches pour la campagne en faveur du non au référendum sur le statut de la Sarre

Un référendum est prévu pour régler définitivement l'avenir politique de la province : en 1935, 90 % de la population vote pour le rattachement au Reich allemand.

Après la Seconde Guerre mondiale, la France fait à nouveau valoir ses droits sur la région, riche en acier et en charbon. Les considérations économiques jouent alors un rôle important, car les mines de charbon viennent compléter les gisements de fer de la Lorraine. L'accord intervenu en 1946 avec les Britanniques et les Américains pour séparer la Sarre de l'Allemagne encourage les vues de la France. En outre, en novembre 1947, la diète régionale adopte une nouvelle Constitution qui prévoit une région autonome, rattachée économiquement à la France. Le 15 décembre 1947, le territoire est réuni du point de vue économique à la France et intégré, jusqu'au 1er avril 1948, à son système douanier et monétaire.

La politique d'annexion pratiquée par la France provoque alors des conflits avec l'Allemagne. Ils se manifestent quand, en 1949, les puissances occidentales proposent d'accueillir la République fédérale d'Allemagne et la Sarre en tant que membres du Conseil de l'Europe. La diète fédérale repousse le projet. Durant les mois qui suivent, le gouvernement de la Sarre cède à la France la gérance de ses mines de charbon pour une durée de cinquante années. De plus, la France reçoit un droit de veto sur certaines lois et ordonnances sarroises.

Lorsqu'en mai 1950, la Sarre est associée au Conseil de l'Europe – sans droit de vote –, le gouvernement de la RFA, s'appuyant sur les débuts de la construction de la communauté européenne du charbon et de l'acier, plaide en faveur de son autodétermination. En outre, à partir de 1950, une forte opposition se fait sentir en

Des policiers sarrois redressent leur véhicule renversé par des manifestants pro-allemands.

Sarre contre une association avec la France. Les deux gouvernements négocient ensemble et signent en octobre 1954 le statut de la Sarre. Il prévoit de conserver l'union monétaire et douanière entre la Sarre et la France, tout en maintenant l'autonomie politique, la défense et la politique étrangère étant confiées à un commissaire européen. La décision définitive reste soumise à un référendum.

Après une campagne de trois mois à laquelle peuvent participer des groupes pro-allemands, la Sarre rejette le statut à une majorité des deux tiers (67,72 %). Par le traité de Luxembourg du 27 octobre 1956, la France se déclare alors prête à accepter le rattachement politique de la Sarre à la RFA à partir du 1er janvier 1957, et le rattachement économique à partir du 31 décembre 1959. Lors de la défaite de l'Allemagne, la Sarre s'était tournée vers la France ; c'est l'inverse qui se produit et elle devient ainsi le dixième Land de l'Allemagne de l'Ouest.

Histoire de la Sarre

10 janvier 1920
Naissance de la Sarre
En tant qu'entité politique, la Sarre est une conséquence du traité de Versailles. La région sarroise est alors séparée du reste de l'Allemagne. Comme réparation pour les dommages subis durant la Première Guerre mondiale, la France reçoit pour une durée de quinze ans le droit de propriété sur les mines sarroises.

Les signataires de la paix à l'issue de la Première Guerre mondiale

1er janvier 1935
Retour dans le Reich allemand
Par un référendum sous surveillance internationale, 90 % de la population sarroise se prononce pour le rattachement au Reich allemand.

Référendum pour le rattachement de la Sarre à l'Allemagne

15 décembre 1947
Nouvelle séparation
La France annexe la Sarre. Le gouvernement autonome du pays, dirigé par Johannes Hoffmann, approuve cette mesure. Non seulement la République fédérale d'Allemagne, mais aussi la population sarroise s'opposent à la politique de Hoffmann qui doit se retirer.

Johannes Hoffmann

23 octobre 1954
Nouveau statut de la Sarre
Dans le cadre du traité de Paris, le chancelier Konrad Adenauer et le président du Conseil Pierre Mendès France négocient un nouveau statut qui intègre davantage la Sarre à l'Europe.

18 décembre 1955
Gouvernement pro-allemand
Après les élections de la diète régionale se constitue un gouvernement pro-allemand. Alors commence le véritable processus du retour de la Sarre dans la RFA.

1er janvier 1957
La Sarre redevient allemande
La Sarre fait de nouveau partie intégrante de l'Allemagne. Des aides financières facilitent son intégration économique. En contrepartie de cet accord, la France, qui a signé le traité du Luxembourg, reçoit une participation de la RFA pour payer les frais qu'entraînent les travaux destinés à rendre la Moselle navigable.

Le président du Conseil Guy Mollet (à gauche) et le secrétaire d'État Walter Hallstein à Luxembourg

McDonald's, le premier *fast-food*

Dans une banlieue de Chicago, le 15 avril 1955, le représentant de commerce Ray Kroc ouvre son premier *fast-food*. La chaîne de restauration rapide McDonald's transforme radicalement les habitudes alimentaires.

Derrière la marque de McDonald's se cache la plus grande entreprise de restauration rapide du monde. Implantées dans 79 pays, les 15 200 filiales du géant du *fast-food* reçoivent chaque jour plus de 28 millions de clients pour consommer des repas rapides représentant une valeur de 70 millions de dollars. Le fondateur et le maître incontesté de l'empire du hamburger s'appelle Ray Kroc.

En 1937, les frères Richard et Maurice McDonald ouvrent à Pasadena un restaurant pour automobilistes (*drive-in*). Douze

Ray Kroc goûtant un de ses célèbres hamburgers

ans plus tard, ils introduisent le système « Service rapide », en augmentant le rendement par l'automatisation et la rationalisation. Le service en salle, par exemple, est totalement supprimé.

Cette transformation du simple *drive-in* en une entreprise de restauration rapide ne tarde pas à enregistrer de nouveaux progrès. Au milieu des années 50, le chiffre d'affaire s'élève à 300 000 dollars, avec un beau bénéfice net de 200 000 dollars. Midi et soir se pressent jusqu'à 150 personnes affamées devant le comptoir du restaurant.

Puis, sur la proposition de leur représentant Ray Kroc, les deux frères lancent un commerce en franchise. En payant une redevance, des partenaires peuvent adopter le concept des deux pionniers et créer leur filiale. Comme les frères McDonald se révèlent de médiocres hommes d'affaires, Kroc propose d'assurer la gestion du service de franchise.

Le 2 mars 1955, il crée sa propre entreprise en franchise, le *McDonald's System Incorporation,* et il ouvre lui-même son premier restaurant à Des Plaines, près de Chicago. La première installation de l'empire de McDonald sera ensuite transformée en musée : elle évoque le rêve américain de l'ascension sociale d'un simple barman devenu propriétaire de la plus grande chaîne mondiale de restaurants. En 1961, Kroc paie la somme de 27 millions de dollars

Un *drive-in* McDonald's où l'on peut déguster un hamburger sans sortir de sa voiture (San Bernardino, Californie, 1955)

aux McDonald et prend la tête de l'entreprise.

Le succès de Ray Kroc s'explique de différentes manières : il connaît parfaitement le fonctionnement de la franchise et il ne cesse d'augmenter la rentabilité à tous les stades du processus, en gardant le souci de maintenir le niveau de qualité qu'il a lui-même fixé. Le manuel obligatoire de tout franchisé comporte plus de 600 pages dans lesquelles sont décrites avec minutie les installations, les recettes, et jusqu'aux uniformes du personnel de service.

Afin d'assurer son premier rang dans le domaine de la restauration rapide, McDonald investit chaque année plus d'un milliard de dollars dans la publicité.

Le premier McDo français ouvre en 1984, et l'installation des premiers McDonald's en Europe de l'Est et en Chine communiste provoque de véritables émeutes, parfois réprimées par la police, comme à Kiev il y a peu de temps.

Les grandes chaînes de restauration rapide aux États-Unis

1934

Wimpy Grills
En 1934, Ed Gold ouvre le premier bar Wimpy avec six places assises. Avant que n'apparaisse sur le marché Ray Kroc avec ses McDonalds, le Wimpy devient synonyme de hamburger. Par disposition testamentaire, Gold décide qu'à sa mort tous les restaurants Wimpy seraient fermés. En effet, à sa mort en 1978, toutes ses entreprises s'effondrent.

Statue de Harland Sanders devant le Kentucky Fried Chicken de Pékin

1952

Kentucky Fried Chicken
La chaîne de poulets frits fondée par Harland Sanders figure en numéro trois après McDonald et Burger King dans la liste des chaînes de restauration rapide. Dans les campagnes de publicité de l'entreprise, Sanders apparaît toujours en costume blanc, avec une barbichette et des cheveux blancs. Dans ses 8 000 restaurants répartis à travers le monde, Kentucky Fried Chicken a vendu jusqu'au milieu des années 90 plus de 5 milliards de poulets.

Un Burger King mobile à l'université de Floride à Miami

1954

Burger King
Après McDonald, Burger King est la deuxième chaîne de restauration rapide du monde. Les fondateurs James McLamore et David Edgerton ouvrent en 1954 à Miami leur premier restaurant. Depuis, dans les 6 500 filiales implantées dans 40 pays, on vend chaque jour 2 millions de Whoppers.

1958

Pizza Hut
Frank et Dick Carney fondent en 1958 la chaîne de restaurants Pizza Hut qui se développe rapidement partout dans le monde. La pizza, d'origine italienne, devient un produit aussi légendaire que le hamburger.

Ouverture d'un Pizza Hut à Moscou, en 1990

1961

Hardee's
La chaîne fondée en 1961 prend la troisième place dans le commerce des hamburgers. Elle invente une variante : le hamburger de 1/4 de livre avec une mayonnaise basses calories devient un produit en vogue sur le marché.

James Dean, l'idole d'une génération, meurt dans un accident de voiture

Trois succès au cinéma suffisent à cet Américain pour devenir un modèle aux yeux de la jeunesse du monde entier. Sa mort dans un accident de voiture, le 30 septembre 1955, est une confirmation macabre de sa devise « *Live fast, die young* » (vivre vite, mourir jeune).

Les débuts de James Dean à l'écran le rendent célèbre du jour au lendemain dans le monde entier. En 1954, dans l'adaptation cinématographique d'Elia Kazan du roman de John Steinbeck *À l'est d'Eden*, James Dean interprète un jeune homme qui se bat désespérément pour obtenir l'amour de son père. Hedda Hopper, critique de cinéma qui accompagne par ses commentaires acerbes les carrières de nombreux acteurs et y met également souvent fin, s'exclame : « Je ne me souviens pas d'avoir rencontré un jeune homme aussi débordant d'énergie... »

James Dean dans son dernier film, *Géant*, en 1955

Né le 8 février 1931 à Marian dans l'Indiana, James Dean, de son vrai nom James Byron, est le fils unique d'une famille de fermiers méthodistes. Lorsque sa mère meurt, en 1939, son père l'envoie dans une communauté de quakers où il grandit sans aucune affection paternelle et soumis à des règles religieuses très strictes. James Dean ressent ses conditions d'existence de façon si douloureuse qu'il perçoit dans le cinéma la seule chance de les fuir.

À 20 ans, il arrive à New York. Dans un premier temps, il souffre énormément de l'anonymat de la grande ville. Il fait du théâtre, interprète quelques petits rôles à la télévision et participe à un spot publicitaire pour Pepsi-Cola. Il obtient des rôles de second plan dans trois films : *La Polka des marins* (1951), *Baïonnette au canon* (1951) et *Qui donc a vu ma belle ?* (1952).

En 1952, il réussit le concours d'entrée à l'Actor's Studio, d'où sort son modèle, Marlon Brando. Il est remarqué pour son interprétation d'un jeune Arabe dans l'adaptation de *L'Immoraliste* d'André Gide, mise en scène à Broadway, alors qu'il mène une vie tumultueuse. Cela lui vaut de tourner un essai chez les frères Warner : sa carrière va faire alors un bond prodigieux.

Dans *À l'est d'Eden*, James Dean incarne à merveille un jeune homme qui s'oppose à la génération des adultes. Le metteur en scène, Elia Kazan, trouve l'égocentrisme et les perpétuels accès de rage de James Dean insupportables, et il qualifie plus tard la star de « pudding infect ». Cependant la jeunesse est enthousiaste, car James Dean lui parle avec son cœur.

James Dean avec sa voiture préférée, une Porsche

En 1955, il joue dans le film de Nicholas Ray, *La Fureur de vivre*, et affirme son image d'adolescent rebelle : le jeune Jim, rongé par l'angoisse, se heurte dans la ville où il vient d'arriver, à une bande de jeunes. Il apparaît sensible et fragile, mais semble plus âgé, plus triste et plus mûr que bien des adultes qui voudraient le tenir en laisse. Comme le disait un jour le critique cinématographique David Thompson, James Dean plaît aux jeunes car il a compris « que les jeunes gens connaissent des vérités qui ne sont pas bonnes à dire ».

Son dernier film, *Géant* (1955), retrace l'ascension du cow-boy Jett qui devient un magnat du pétrole. Le 30 septembre 1955, à la fin du tournage, James Dean, connu pour sa passion de la vitesse, se tue au volant de sa Porsche.

En trois films seulement, James Dean s'est élevé au niveau du mythe. Sans doute parce qu'il a incarné le mal de vivre d'une génération et a surgi au bon moment pour séduire une jeunesse avide d'idoles.

Les jeunes rebelles du cinéma américain

1953

Marlon Brando
Dans le film *L'Équipée sauvage*, réalisé par Laszlo Benedek, Brando incarne le chef d'une bande de motards qui importune chaque week-end les habitants d'une petite ville paisible. Le film dépeint l'effet que produit la mécanisation du monde du travail et de l'environnement sur les loisirs des jeunes aux États-Unis. À cause de son « contenu rebelle », le film sera interdit jusqu'en 1968 en Grande-Bretagne. Les jeunes admirateurs du film imitent le *look biker* de Brando, exprimant ainsi leur opposition au monde des adultes.

Marlon Brando

1955

Glenn Ford
Le film de Richard Brooks *Graine de violence* trace sans compromis des problèmes des jeunes dans les années 50 : Glenn Ford, professeur idéaliste d'un lycée technique situé dans les bas-fonds de New York, s'oppose aux voyous qui oppriment ses élèves. L'œuvre est entièrement placée sous le signe du rock'n roll : la chanson de Bill Haley *Rock around the clock* devient l'hymne de toute une génération.

Glenn Ford

1970-1971

Malcolm McDowell
Dans *Orange mécanique*, réalisé par Stanley Kubrick, McDowell campe Alex, chef d'une bande de jeunes qui erre dans une ville en volant, violant et tuant. Après son arrestation, il se déclare prêt à subir une thérapie de choc. Libéré, il est incapable de se défendre et subit la violence de ses anciennes victimes. L'œuvre de Kubrick est une farce amère sur la mécanisation de l'individu.

Malcolm McDowell

1983

Mickey Rourke
Dans *Rusty James*, Rourke interprète l'ancien chef de bande Motorcycle Boy, dont le frère cadet veut devenir l'émule. Il se rend cependant compte que Motorcycle Boy est résigné depuis longtemps et n'attend plus rien de la vie. Le film de Francis Ford Coppola met en lumière les problèmes des jeunes marginaux dans les petites villes de province américaines.

Mickey Rourke (à droite) et Matt Dillon dans *Rusty James*

Le saxophoniste Charlie Parker, fondateur d'un nouveau jazz

Vers 1940, un nouveau style de jazz voit le jour sur les scènes new-yorkaises. Charlie Parker oppose aux stéréotypes du swing une créativité explosive. Ce saxophoniste est l'un des principaux créateurs du style be-bop. Il meurt le 12 mars 1955.

Dans les années 30, l'ère du swing est à son apogée ; c'est le triomphe des big-bands de Benny Goodman et de Count Basie, tandis que Louis Armstrong et Duke Ellington font leurs toutes premières tournées européennes.

Pour certains musiciens – Charlie Parker, Kenny Clarke, Dizzy Gillespie et Thelonious Monk pour n'en citer que quelques-uns –, l'insatisfaction grandit. Les arrangements sont toujours les mêmes, ainsi que les solos d'instruments et l'éternel *big-band-sound*. De nouvelles inventions concernant le rythme, le phrasé, l'âme du jazz, l'improvisation apparaissent d'abord séparément, puis finalement les créateurs se retrouvent au club de jazz Minton's à New York, dans le quartier de Harlem. Les pionniers du be-bop s'y rencontrent, mettent au point un nouveau style, lancinant, qui oppose aux mélodies suaves du swing des morceaux courts, rythmés et syncopés. Les phrases musicales sont stimulées par le pouls rapide des différentes cadences. Le be-bop engendre également un nouveau type de chant avec des interprètes aussi frénétiques que les musiciens. Ils suivent de nouvelles mélodies, portées par des onomatopées chantées sur un rythme effréné. C'est pourquoi on dit que le nom de « be-bop » naît de la vocalisation de l'intervalle caractéristique de ce style, la quinte réduite.

Charlie Parker (à gauche) lors d'une répétition avant un festival de jazz à Paris, en 1949

Charlie Parker arrive à New York en 1941. Il vit alors très modestement, sans soutien familial. Il s'adonne très jeune à l'héroïne. Ayant constamment besoin d'argent, il fait toutes sortes de petits métiers, tels que plongeur dans un établissement peu reluisant de Harlem. Parfois il ne possède même plus d'instrument pour jouer. Ses audacieuses innovations musicales, qui ne dissimulent pas leurs origines puisées dans le blues, se heurtent au rejet des big-bands très en vogue. Alors qu'il joue dans l'orchestre de Count Basie, cela tourne au drame : irrité par le style de Parker, le batteur Jo Jones lui lance ses cymbales et pourchasse le pauvre musicien qui ne peut que s'enfuir.

Forest Whitaker joue le rôle de Charlie Parker, dans *Bird* (1988) de Clint Eastwood.

Au Minton's, il trouve pourtant des auditeurs attentifs. Au lieu d'improviser comme tous les autres musiciens sur les harmonies stéréotypées des classiques du swing, Parker, surnommé Bird, les modifie et crée par ses improvisations personnelles des rapports musicaux complètement nouveaux. L'exemple le plus célèbre en est le morceau *Ornithology* dont la mélodie naît sur une improvisation du classique *How High the Moon.*

Alors qu'en 1940, de nombreux musiciens de jazz sont encore à la recherche d'un style, Parker est déjà loin. Avec le Charlie Parker Quintet, il crée le groupe le plus en vue du Modern Jazz. Il engage comme trompettiste le jeune Miles Davis qui sera l'innovateur de la génération suivante. Le saxophone alto de Parker devient la voix du be-bop.

De plus en plus affaibli par la drogue, il enchaîne cependant enregistrements et concerts et erre toutes les nuits dans le métro de New York. Le 12 mars 1955, à 35 ans, il meurt, épuisé. Les médecins qui l'examinent donnent à sa dépouille l'âge de 50 ans.

Les principales vedettes du be-bop

1911-1989

David Roy Eldridge
Ce musicien américain, tirant parti des possibilités techniques de la trompette, progresse dans les aigus et prépare le terrain au phrasé du be-bop. Professeur de Dizzy Gillespie, il est le premier soliste à jouer dans les importants big-bands de l'époque, Fletcher Henderson et Gene Krupa. En 1951, il triomphe au New Yorker Jazz Club avec *Birdland*. Dans les années 60, il dirige l'orchestre d'Ella Fitzgerald, joue en duo avec Gillespie, Oscar Peterson et Count Basie.

David Roy Eldridge

1917-1993

John Birks dit Dizzy Gillespie
Dans la lignée d'Armstrong et de son professeur Roy Eldridge, Gillespie découvre un nouveau style de jazz et est considéré comme l'un des pères du be-bop, à la limite du jazz et de la musique de danse. Grâce au large éventail de son style en matière d'harmonie et de rythme, le jazz accède au statut dit de « musique sérieuse ». Avec Kenny Clarke, Thelonious Monk et Charlie Parker, il jette les bases harmoniques du be-bop et lui donne une place à part entière au sein du jazz. Il est avant tout un virtuose de la trompette.

Dizzy Gillespie

1917-1982

Thelonious Monk
Ce pianiste compose avec *Round Midnight* une des plus belles ballades du jazz et en bouleverse les méthodes de composition. Dans les années 40, Monk fait partie du noyau dur du be-bop à New York. Son style singulier et complexe aux accents musicaux impressionnistes marque des générations de pianistes de jazz.

Thelonious Monk

Né en 1925

Maxwell dit Max Roach
Musicien de l'orchestre de Charlie Parker, Roach participe à la révolution be-bop. Il traite les rythmes de plus en plus complexes du be-bop comme des improvisations. Ce brillant percussionniste fait de la batterie, simple accompagnement, un instrument solo. Dans les années 60, sa musique délivre un message politique : il est le porte-parole des Afro-Américains.

Max Roach

Elvis Presley, roi du rock 'n roll

Vénéré par des millions d'admirateurs, Elvis Presley plonge la jeunesse américaine dans une vague d'hystérie inouïe par ses rythmes et ses mélodies. Vingt ans après sa mort, « The King » est toujours vivant dans les mémoires.

Elvis Aron Presley, né en 1935 dans un quartier pauvre de Tupelo, au Mississippi, débute dans la vie professionnelle par toutes sortes de petits travaux – conducteur de camion, ouvreur de cinéma. Son père est cueilleur de coton, sa mère est employée dans une filature. Pour l'anniversaire de celle-ci, il enregistre à ses frais *My Happiness*, ce qui vaut à la station de radio de Memphis des centaines d'appels d'auditeurs enthousiastes, au point qu'Elvis devient une star locale du rock'n roll. Le producteur Sam Phillips le prend bientôt en main et le commercialise selon les plus pures règles de l'art. Sa première apparition dans un show télévisé, en 1956, déclenche une véritable révolution, choquant les uns, soulevant l'enthousiasme des autres. Ce beau jeune homme au jeu de jambes très étudié, qui se déhanche de façon provocante et gémit dans le micro, fait scandale. En 1956, avec *Heartbreak Hotel*, Elvis Presley affronte la prude Amérique en lui proposant un mélange d'amour, de rock'n roll et de sexe, qui va orienter la pop-music pour des décennies. En un tournemain, un million et demi d'exemplaires de *Heartbreak Hotel* sont vendus. Le film du même nom bat également des records de fréquentation. Jusqu'en 1969, Elvis tourne 31 films : *Jailhouse rock*, *Viva Las Vegas* et *Speedway*, ne doivent leur succès qu'à la présence du King. Le musicien de rock Little Richard déclare admiratif : « Je remercie Dieu pour Elvis Presley. Je remercie le Seigneur de nous l'avoir envoyé. »

La tombe d'Elvis Presley à Graceland

Lorsqu'il part au service militaire en 1958 à Bad Nauheim, en Allemagne, ses détracteurs espèrent que personne ne se souviendra de lui à son retour. Mais leurs espoirs sont vains : après sa démobilisation, en 1960, il vend plus de 50 millions de disques. La fièvre d'Elvis éclate et l'épidémie se répand dans le monde entier aux accents d'une ballade irlandaise, *Aura Lee*, devenue *Love me tender*.

Plus Elvis devient célèbre, plus sa vie privée se complique. Après la mort de sa mère en 1958, dont il ne

Elvis Presley sur scène, à New York, en 1956

se remettra jamais, il se réfugie dans l'alcool et la drogue. Son mariage avec Priscilla Beaulieu, en 1967, et la naissance de leur fille Lisa Marie lui rendent un peu goût à la vie. En 1973, Priscilla le quitte : leur divorce porte un coup sévère à l'orgueil du chanteur.

Malgré des dépressions constantes, il tente un retour sur scène en 1970. À son dernier concert, en mars 1973, il est bouffi et usé, et n'a plus rien de commun avec le jeune homme provocateur et séduisant d'autrefois. Une semaine avant le début de sa tournée américaine, Elvis meurt, officiellement d'une crise cardiaque.

Sa mort est suivie d'une des plus grandes vagues de suicides de l'histoire des États-Unis. Depuis ce jour, Graceland, son luxueux ranch des environs de Memphis, est un lieu de pèlerinage pour ses admirateurs du monde entier. Chaque jour des milliers de personnes se recueillent sur sa tombe, et visitent la dernière retraite de la star du rock'n roll.

Les stars internationales du rock'n roll

1927-1981

Bill Haley

Le chanteur et guitariste du groupe The Comets, qui tient à son veston à carreaux et à son fameux accroche-cœur, devient célèbre en 1955 grâce au film de Richard Brooks, *Graine de violence*, dont la chanson, *Rock around the clock*, fait le tour du monde. Le tube, vendu à 16 millions d'exemplaires, devient l'hymne de toute une génération.

Bill Haley (au premier plan) avec son groupe, The Comets

Né en 1926

Chuck Berry

Cet Afro-Indien part en 1950 avec ses dernières économies pour Chicago et vend son premier titre à une maison de disques. *Maybelline* devient un énorme succès en 1955. Il en va de même pour *Roll over Beethoven*, *Sweet little sixteen* et *Johnny be good*. Ses chansons parlent d'amour et d'aventure et expriment les aspirations des adolescents. Il combine avec succès le blues noir et le country blanc.

Chuck Berry

Né en 1935

Little Richard

Plongeur dans un restaurant, Little Richard va devenir la star noire du rock'n roll. Ses concerts ressemblent à des combats, dans lesquels il frappe son piano comme un possédé. En 1956, *Tutti frutti* est un succès et il devient la star d'une jeunesse contestataire. Jusqu'en 1959, il vend des millions de disques avec *Keep a knocking* et *Long Tall Sally*. Il quitte ensuite le show-biz pour devenir prédicateur laïc. Après son retour sur scène en 1964, il intègre à sa musique des tonalités soul et des gospels.

Little Richard

Né en 1942

Eddy Mitchell

De son vrai nom Claude Moine, « Monsieur Eddy » est un authentique Parisien, fasciné par l'Amérique dès son plus jeune âge. Il dirige son premier groupe yé-yé, Les Chaussettes noires, jusqu'en 1963. Il fait ensuite une extraordinaire carrière, accumulant les succès tant sur scène qu'à l'écran ou chez les disquaires. Il adapte des succès américains ou chante des œuvres originales dont il est en général le parolier.

Eddy Mitchell

Le début de la guerre d'Algérie

Le drame de l'Algérie naît de la confrontation entre une population d'origine européenne qui a mis le pays en valeur depuis près d'un siècle et une population musulmane qui n'a ni les mêmes droits ni les mêmes aspirations.

Les troupes françaises ont un double rôle : réduire la rébellion et protéger les populations favorables à la France contre les représailles du FLN.

Le 14 juin 1830, un corps expéditionnaire débarque à Sidi Ferruch. Le 5 juillet, les Français entrent dans Alger. Constantine est prise en 1837 et Abd el-Kader se rend en 1847. La conquête aura pris dix-sept ans.

Pendant un siècle, une population européenne venue de France, d'Espagne, de Malte, puis d'Alsace et de Lorraine après la guerre de 1870, vient mettre en valeur et enrichir de son travail une terre jusque-là mal cultivée.

Patrouille française sur blindés légers dans la plaine d'Alger

En 1930, après un siècle de présence française, l'Algérie paraît ancrée à la métropole en dépit de rébellions larvées. La population musulmane s'éveille aux idées nouvelles. Mais les musulmans se sentent toujours considérés comme des citoyens de seconde zone.

Entre les deux guerres, Messali Hadj réclame l'indépendance, le retrait des troupes françaises et l'abolition du code de l'indigénat à travers son mouvement L'Étoile nord-africaine. En 1937, le plan Blum, tendant à une libéralisation, reste sans lendemain.

La Seconde Guerre mondiale, le choc de la défaite de 1940, le débarquement allié en 1942, l'arrivée de de Gaulle en 1943 et l'ordonnance du 7 mai 1944 portant du tiers au deux cinquièmes la représentation musulmane dans les assemblées locales, sont autant d'événements qui vont éveiller les musulmans à l'idée d'indépendance.

Le 8 mai 1945, la révolte de Sétif, suivie de nombreux massacres d'Européens, conduit à une sévère répression qui fait 1 500 morts officiels, 45 000 selon un collectif algérien discuté, 6 à 8 000 selon des estimations crédibles. En 1946, Ferhat Abbas fonde l'Union démocratique du manifeste algérien (UDMA) et le PPA (Parti du peuple algérien) de Messali Hadj, devient le MTLD (Mouvement pour le triomphe des libertés démocratiques) qui envoie cinq élus à l'Assemblée nationale. En 1952, Messali Hadj est arrêté et mis en résidence surveillée à Niort. En janvier 1954, le MTLD se scinde, Ben Bella et Boudiaf créent le Comité révolutionnaire pour l'unité et l'action (CRUA). C'est lui qui, en dépit de Messali Hadj, décide le 1er novembre 1954 le

déclenchement de la « Toussaint rouge » qui fait sept victimes. François Mitterrand, alors ministre de l'Intérieur, déclare le 7 novembre : « L'Algérie, c'est la France. » Et Mendès France, comme en écho : « Il n'y a pas de sécession concevable. »

Désormais, la rébellion, coordonnée par le Front de libération nationale (FLN), va s'étendre aux trois départements. Le 20 août 1955 a lieu une nouvelle explosion de violence. En 1956, Guy Mollet, qui vient d'être nommé président du Conseil, fait voter par l'Assemblée nationale le recours au contingent. Le service militaire est porté à 28 mois. Désormais, après le rappel des classes 51 à 54, l'effectif des troupes en Algérie atteint 400 000 hommes, et ce jusqu'à la fin du conflit.

Au terrorisme répond l'antiterrorisme. En 1956, les services spéciaux français détournent l'avion qui mène du Maroc en Égypte tout l'état-major politique du FLN, dont Ben Bella. La question algérienne est alors inscrite à l'ordre du jour de l'ONU.

Personnalités françaises de la guerre d'Algérie

1898-1989

Robert Lacoste

Ce socialiste s'engage très tôt dans la Résistance. En 1945, il est ministre de la Production industrielle dans le gouvernement provisoire du général de Gaulle. On le retrouve ensuite dans les cabinets Blum et Ramadier. En février 1956, il est nommé ministre résidant à Alger en remplacement de Jacques Soustelle, poste qu'il assume jusqu'en mai 1958.

Robert Lacoste

1899-1984

Général Raoul Salan

Jeune officier, il part en 1918, pour le Levant. Entre 1924 et 1937, il fait trois séjours en Indochine, se spécialisant ainsi dans les questions d'Extrême-Orient. En 1945, il commande les troupes françaises de Chine et du Tonkin. En 1952, il succède au général de Lattre de Tassigny comme commandant en chef en Indochine. En 1956, il prend le commandement de la 10e région militaire à Alger où il fait acclamer le général de Gaulle en mai 1958. Partisan de l'Algérie française, il s'oppose bientôt à la politique du gouvernement et déclenche le 21 avril 1961 un putsch à Alger avec les généraux Challe, Jouhaud et Zeller. Après l'échec de cette tentative, il dirige l'OAS. Condamné à mort en 1961, il est gracié en 1968 et réhabilité en 1982.

Le général Salan

Né en 1908

Général Jacques Massu

Rallié à de Gaulle dès 1940, il suit le général Leclerc du Tchad à Strasbourg. Il débarque à Port-Saïd en 1956, puis mène les opérations à Alger en 1956-1957. Président du Comité de salut public d'Alger, il devient chef du corps d'armée en 1959. Son rappel en métropole déclenche le 24 janvier 1960 à Alger la semaine des Barricades.

Le général Massu

1912-1990

Jacques Soustelle

Cet ethnologue, spécialiste de l'Amérique précolombienne, rejoint le général de Gaulle à Londres. Élu député en 1945, il occupe plusieurs postes ministériels avant de devenir gouverneur général de l'Algérie en 1955. Sa position en faveur de l'intégration le rend très populaire, et son rappel par Guy Mollet en 1956 provoque de vives manifestations. Son action en faveur de l'Algérie française le contraint à l'exil en 1961.

Jacques Soustelle

Nikita Khrouchtchev dénonce les crimes de son prédécesseur Staline

Dans son discours prononcé lors du XXe Congrès du parti communiste soviétique, Nikita Khrouchtchev, le nouveau chef de l'URSS, règle ses comptes avec la politique de son prédécesseur, Joseph Staline. Le dégel qui s'instaure alors ne dure que peu d'années.

Au cours du XIXe Congrès du parti communiste de l'URSS en 1952, Staline décide un certain nombre de changements radicaux. Le dictateur, toujours méfiant, veut éliminer d'anciens centres de pouvoir et il exclut nombre de ses partisans de la direction du parti ; ainsi, non sans ironie, c'est lui-même qui fait les premiers pas de la déstalinisation !

Il meurt le 5 mars 1953, et Khrouchtchev lui succède en tant que premier secrétaire du comité central. Deux ans après, le nouveau chef du parti communiste de l'URSS prononce à Sofia, devant des chefs des autres pays communistes, un discours où, pour la première fois, il fait allusion aux crimes de Staline. À cette époque, on commence à tolérer les critiques faites au dictateur, mais, officiellement c'est son chef des services secrets, l'ex-ministre de l'Intérieur Beria, exécuté en 1953, qui passe pour le responsable des crimes staliniens. Peu de temps après, Khrouchtchev impose au présidium, face à la résistance de ses anciens camarades, une commission interne au parti chargée d'enquêter sur la direction de Staline. Pour justifier sa décision, il affirme que si le parti ne prend pas ses distances avec le culte de la personnalité, il ne tardera pas à perdre le contact avec les masses.

Nikita Khrouchtchev s'adresse aux membres des Nations unies à New York, le 23 septembre 1960.

Pour réduire la résistance du présidium du parti, Khrouchtchev tient à huis clos, en février 1956, au cours du XXe Congrès du parti, un discours sur Staline, s'appuyant sur le rapport de la commission d'enquête, précédé de la lecture du testament de Lénine dans lequel ce dernier exprime de vives réserves sur la personnalité de Staline.

Il s'attaque ensuite à la personne même du dictateur. Et c'est avec une virulence toute particulière qu'il condamne le concept d'« ennemi du peuple » dont le seul emploi dispense de faire la démonstration des torts commis par une personne ou un groupe de personnes : « La notion d'ennemi du peuple a été introduite comme moyen de destruction des personnes ; elle a même provoqué des emprisonnements en masse et des déportations par milliers. Tout cela, continue le chef du parti communiste, conduisit Staline à bafouer la légalité révolutionnaire. »

À Budapest en 1956, une statue de Staline est abattue.

Il condamne les déportations en masse : « Aucun homme sensé ne peut comprendre comment il a été possible de rendre responsables des peuples entiers de femmes, d'enfants et de vieillards d'actes commis par des individus ou de petits groupes. » Suit alors une longue liste des pays victimes de ces exactions.

En dépit de son caractère secret, le discours ne tarde pas à être connu du grand public. Mais il est difficilement recevable par les fonctionnaires du parti qui tentent par tous les moyens de faire taire ces critiques.

Khrouchtchev porte donc une nouvelle attaque lors du XXIIe Congrès du parti. Mais, bien que pour la première fois les médias en aient rendu compte de façon détaillée, il ne parvient pas à briser la résistance de la bureaucratie à la déstalinisation. En raison de son attitude modérée vis-à-vis de l'Ouest et de l'échec de sa politique agraire, le chef du parti communiste est renversé en 1964.

Les staliniens de l'Europe de l'Est

1944-1985

Enver Hodja
Après l'effondrement de la puissance italienne, Hodja prend le pouvoir en Albanie et garde la direction de l'État jusqu'à sa mort, en tant que secrétaire général du parti communiste. Il qualifie Khrouchtchev de traître et se range aux côtés de Mao Zhé dong. L'Albanie quitte le pacte de Varsovie : Hodja isole totalement son pays du monde extérieur.

Enver Hodja

1945-1956

Mátyás Rákosi
Staline envoie Rákosi en Hongrie à la suite de la prise du pouvoir par le parti. Il fait régner sur le pays un régime de terreur. Après la mort de Staline, il doit s'incliner devant Imre Nagy. Mais il reprend le pouvoir en juin 1955. C'est en juin 1956 que Rákosi est définitivement renversé. Il rentre en URSS.

Mátyás Rákosi

1950-1971

Walter Ulbricht
À la fin de la Seconde Guerre mondiale, Ulbricht rentre d'URSS où il s'était exilé et arrive en Allemagne. À partir de 1950, il dirige la RDA en tant que secrétaire général (1953), puis premier secrétaire du parti et, en 1960, il est président du Conseil de l'État. Lorsqu'il tente de rendre sa politique économique indépendante de l'URSS, il est remplacé par Erich Honecker.

Walter Ulbricht

1953-1968

Antonín Novotný
En tant que premier secrétaire du parti communiste et président de l'État, Novotný gouverne la Tchécoslovaquie et cherche à l'assimiler politiquement et culturellement à l'URSS. Il doit se retirer en 1968 à la suite du printemps de Prague.

Antonín Novotný

1965-1989

Nicolae Ceausescu
Secrétaire général du parti communiste et chef de l'État, il dirige la Roumanie comme un souverain absolu. La politique du *conducador* est relativement indépendante de l'URSS, et même s'oppose à celle-ci. Il construit son régime de terreur sur le culte de la personnalité, le népotisme et la police secrète.

Brigitte Bardot, une star d'un type nouveau

Au milieu des années 50, une véritable bombe explose dans le monde du cinéma français : une jeune actrice, Brigitte Bardot, bouleverse les habitudes et les conventions d'un monde bien-pensant et facilement moralisateur.

Brigitte Bardot a fait plus pour la balance commerciale française que la régie Renault. Dans sa froideur statistique, ce célèbre constat dit bien l'ampleur du phénomène Bardot à la fin des années 50. À cette époque, la moue enfantine et provocante de BB, sa liberté de langage et de comportement ont déjà franchi les frontières comme un signe avant-coureur de l'évolution des mœurs. Pendant que la foule des bien-pensants dénonce sa conduite scandaleuse, Marguerite Duras, Simone de Beauvoir ou François Nourissier saluent en elle le symbole de la génération féminine montante. Le général de Gaulle la sacre superstar.

Brigitte Bardot et Jean-Louis Trintignant dans *Et Dieu créa la femme* (1956). Les deux acteurs tombent amoureux au cours du tournage.

Issue de la haute bourgeoisie parisienne, la jeune Brigitte reçoit une éducation stricte. Il faut être le diable – ou Roger Vadim en personne – pour déceler en cette mignonne adolescente brune, aux joues rondes et à la taille fine, celle qui va devenir « le rêve impossible des hommes mariés ». Elle n'a pas 18 ans lorsque le futur cinéaste l'épouse et la transforme en une blonde à la grâce animale qui fait vieillir en un clin d'œil les vedettes consacrées de l'époque. « Sa cote a dépassé les frontières, elle tourne sans arrêt. L'avenir dira s'il s'agit d'un feu de paille », écrit en décembre 1955 un journaliste de *Combat*.

Le feu de paille est un incendie. Il se déclare un an plus tard, en 1956, lorsque Roger Vadim achève de créer le mythe Bardot en lui donnant le rôle d'une sauvageonne à la sensualité débridée, dans *Et Dieu créa la femme*. Elle devient celle que les femmes jalousent tout en s'efforçant cependant de lui ressembler, celle que les hommes désirent en faisant semblant de s'en moquer. La perfection de son corps de poupée Barbie avant l'heure aurait pu en faire une star supplémentaire à la mode hollywoodienne : superbe et inaccessible. Mais son aspect « nature », son espièglerie et son franc-parler la situent dans la vie bien réelle. Elle est « la seule vamp du monde qui ressemble à la petite cousine que vous avez aimée », selon Marcel Achard.

La protectrice des animaux montre comment fonctionne un piège, en 1991.

Phénomène de société davantage qu'actrice, c'est le souvenir que laisse Brigitte Bardot aujourd'hui, même si on lui reconnaît tardivement du talent à travers quelques films qui ont fait date, comme *La Vérité* ou *Le Mépris*.

Depuis sa première apparition au cinéma dans *Le Trou normand* (1952) aux côtés de Bourvil, elle a joué dans 46 films jusqu'en 1973. Pourtant, elle reconnaît que le métier de comédienne ne l'a jamais vraiment passionnée. Le « petit chat sexy » qui remplissait les salles aux États-Unis et dont la photo circulait sous le manteau à Moscou, avait beau répéter qu'elle voulait claquer la porte du cinéma, personne ne la croyait. C'est pourtant ce qu'elle fait, à l'âge de 39 ans, après l'échec de *L'Histoire très bonne et très joyeuse de Colinot Trousse-Chemise*, pour entreprendre le seul combat qui l'ait, selon ses dires, jamais motivée : la défense des animaux et notamment celle des bébés phoques.

Les principaux films de Brigitte Bardot

1956

Et Dieu créa la femme
L'action du film tourne autour d'une femme-enfant à la crinière blonde, véritable mangeuse d'hommes, qui ne sait résister à aucune tentation érotique et fait tourner la tête à trois hommes en même temps. La beauté exceptionnelle de Brigitte Bardot, le décor de Saint-Tropez et une scène de mambo endiablé, au centre de l'histoire, rendent ce film célèbre dans le monde entier.

Brigitte Bardot dans *En cas de malheur*, en 1958

1958

En cas de malheur
Dans un de ses rôles les plus exigeants, Brigitte Bardot se révèle aux côtés de grands noms du cinéma français comme Edwige Feuillère et Jean Gabin. Elle joue une accusée qui séduit le juge (Gabin) au cours de l'instruction.

Une scène au tribunal extraite de *La Vérité*, en 1960

1960

La Vérité
Dans ce film qui se déroule dans un tribunal, Brigitte Bardot interprète une femme accusée du meurtre de son amant et méprisée par la société à cause de sa déchéance sociale. Le metteur en scène Henri-Georges Clouzot s'attaque en particulier au parti pris de la police et de la justice contre ceux qui sont socialement faibles. Le film est le plus gros succès de l'année en France.

Michel Piccoli et Brigitte Bardot dans *Le Mépris*, en 1963

1963

Le Mépris
Jean-Luc Godard tourne, avec Brigitte Bardot dans le rôle principal, l'adaptation d'un roman d'Alberto Moravia. Une épouse ne ressent plus pour son mari (Michel Piccoli), un auteur de scénario obsédé par sa carrière, que du mépris. Une satire mordante de l'industrie du cinéma, dans laquelle Jack Palance interprète un producteur vulgaire et où Fritz Lang joue son propre rôle.

Brigitte Bardot et Jeanne Moreau dans *Viva Maria !*, en 1965

1965

Viva Maria !
Dans ce film de Louis Malle, satire du film d'aventures, Brigitte Bardot joue aux côtés de Jeanne Moreau. Les deux femmes interprètent deux strip-teaseuses qui mettent fin à la révolution dans un pays d'Amérique latine après la mort du chef des rebelles.

L'insurrection en Hongrie

Avec le dégel de l'URSS, la critique du stalinisme s'installe aussi en Hongrie. Le peuple réclame la démocratie, mais les troupes russes matent la révolte en quelques jours.

Après sa défaite durant la Seconde Guerre mondiale, la Hongrie est occupée par l'armée Rouge et subit ensuite, en tant que république populaire, la tutelle économique, culturelle et militaire que le traité d'amitié de 1948 souligne encore. La force motrice de la soviétisation est représentée par les communistes, soutenue par l'armée de l'URSS. Le parti communiste, sous la direction du vice-Premier ministre Mátyás Rákosi, occupe de fait toutes les positions clés du gouvernement.

Les manifestants hongrois brûlent une affiche représentant Lénine.

Le pouvoir de Rákosi s'appuie sur des méthodes staliniennes. Ainsi le ministre des Affaires étrangères, László Rajk, accusé de soutenir la ligne de Tito, est exécuté au terme d'un procès « populaire ».

Un tournant s'effectue en juillet 1953 quand Imre Nagy devient Premier ministre et qu'il engage une nouvelle orientation, en lançant des réformes politiques et économiques. Sous son gouvernement, l'oppression du peuple diminue. Mais Nagy échoue dans sa lutte pour le pouvoir contre Rákosi : il est démis de ses fonctions pour déviationnisme et exclu du parti en novembre 1955.

Le XXe Congrès du parti communiste de l'URSS, sous l'impulsion de Khrouchtchev, engage en 1956 la déstalinisation. En Hongrie, la critique du régime Rákosi croît, largement encouragée par le cercle Petőfi, ainsi nommé en référence à un poète révolutionnaire et national du milieu du XIXe siècle, Sandor Petőfi. Bien que l'URSS ait décidé la déposition de Rákosi et désigné comme successeur le très stalinien Ernö Gerö, les courants de libéralisation se poursuivent à l'intérieur du parti.

En septembre intervient l'amnistie des prêtres catholiques alors emprisonnés. Le 6 octobre 1956, les obsèques posthumes du ministre des Affaires étrangères Rajk, exécuté en 1949, se transforment en une manifestation de masse contre le stalinisme. Le 22 octobre, des étudiants de Budapest réclament le retrait des troupes soviétiques, des élections libres, une réforme économique et

Le symbole de la dictature est abattu. Cette statue de Staline, située au cœur de Budapest, est démontée par des manifestants, en 1956.

des sanctions contre les staliniens. Le lendemain, une manifestation d'étudiants dégénère en révolte populaire. Des combats de rue entre manifestants et police gagnent tout le pays. L'armée intervient aux côtés des insurgés contre les troupes soviétiques. Imre Nagy, revenu au pouvoir peu de temps avant, démissionne de son poste de Premier ministre.

Le retrait du pacte de Varsovie et la formation d'un gouvernement constitué d'hommes politiques modérés offrent un prétexte à l'URSS pour intervenir militairement. L'armée Rouge, appelée par Janos Kádár, pénètre en Hongrie le 4 novembre et réprime l'insurrection dans le sang. On compte 25 000 morts. En tant que nouveau chef du parti communiste, Kádár procède à la normalisation du pays en ordonnant des déportations et en se livrant à une épuration. Environ 200 000 Hongrois s'enfuient en Autriche. Imre Nagy est déporté en Roumanie et exécuté en 1958. Sa réhabilitation intervient en 1979, vingt et un ans plus tard.

Les hommes politiques hongrois après la guerre

1892-1971

Mátyás Rákosi

Militant clandestin du parti communiste hongrois en 1924, Rákosi est condamné en 1925 à huit ans de prison, puis en 1935 à la perpétuité. En 1940, il est libéré et il gagne l'URSS. À partir de 1945, il est secrétaire général du parti communiste dans son pays, et assure ensuite la fonction de vice-Premier ministre durant sept ans. En 1952, il est à la tête du gouvernement. Au début de la déstalinisation, il est déposé en tant que chef du parti et se retire en URSS. Il est exclu du parti en 1962.

Mátyás Rákosi

1896-1958

Imre Nagy

Premier ministre (1953-1955 et 1956), il tente en vain d'imposer un ordre social démocratique. Dans le cadre du soulèvement d'octobre 1956, il annonce l'instauration du multipartisme et, au début de novembre, le retrait du pacte de Varsovie. Après l'invasion de l'armée Rouge, Nagy s'enfuit en Yougoslavie qu'il quitte après avoir reçu la garantie de l'immunité. Mais il est emprisonné et, en 1958, exécuté pour haute trahison.

Imre Nagy

1909-1949

László Rajk

Le militant communiste de la guerre d'Espagne est ministre de l'Intérieur de 1946 à 1948, puis ministre des Affaires étrangères en 1948 et 1949 ; c'est en assumant cette fonction qu'il est accusé d'espionnage pour les États-Unis et de déviationnisme en soutenant Tito ; il est exécuté en 1949 et réhabilité en 1955.

László Rajk

1912-1989

János Kádár

Bien qu'il se soit efforcé d'instaurer de prudentes réformes dans sa politique intérieure, sa politique extérieure est tournée vers l'Union soviétique. Il constitue en 1956, pendant le soulèvement, un contre-gouvernement et appelle l'armée Rouge à l'aide contre Nagy. Chef du parti jusqu'en mai 1988 et chef de l'État jusqu'en 1968, il permet à son pays, grâce à son « communisme goulasch » et à sa politique de réformes, d'atteindre le plus haut niveau de vie des pays de l'Est.

János Kádár

L'intervention franco-britannique sur le canal de Suez

Appliquant la « politique de la canonnière », la France et la Grande-Bretagne tentent de répondre à la nationalisation du canal de Suez par Nasser. Sous la pression des États-Unis et de l'URSS, elles doivent cependant retirer leurs troupes du territoire égyptien.

Nasser est acclamé pour avoir hissé le drapeau égyptien sur le quartier général britannique à Port-Saïd, après le retrait de leurs troupes.

Depuis le XIXe siècle, les Britanniques contrôlent la zone du canal de Suez. Par un traité signé avec l'Égypte en 1954, ils s'engagent à se retirer progressivement de la région dans les deux ans qui suivent. L'Égypte accepte de respecter les droits de la société internationale du canal de Suez et de garantir aux bateaux la liberté de circulation.

Peu après l'évacuation de la zone du canal, la Grande-Bretagne et les États-Unis reviennent sur leur engagement de participer au financement du barrage d'Assouan. Ils avancent comme motif le fait que les Soviétiques ont fourni un nombre important d'armes à l'État égyptien. La réaction du président Gamal Abdel Nasser est immédiate : il nationalise le canal de Suez, comptant remplacer l'aide financière défaillante par les droits de passage qu'acquitteront les bateaux empruntant cette voie d'eau longue de 195 km, artère vitale du trafic pétrolier.

Le 29 octobre 1956, les Israéliens franchissent la frontière égyptienne par mesure préventive et envahissent Gaza et le Sinaï. Nasser regroupe ses troupes autour d'Alexandrie, alors que la France et la Grande-Bretagne montent une opération aéroportée sur Port-Saïd sur lequel sont lancés 7 000 parachutistes. Elles adressent alors un ultimatum à l'Égypte lui demandant de cesser le combat avec les Israéliens. Nasser refuse et bloque les bateaux qui se trouvent dans la zone des combats.

Alors qu'elles voulaient apparaître comme des arbitres, la France et la Grande-Bretagne se retrouvent dans la position d'agresseurs et d'accusés. Sous la pression des deux super puissances – l'URSS qui menace d'intervenir militairement de façon massive, et les États-Unis – les belligérants s'inclinent devant la résolution des Nations unies de remplacer les troupes franco-britanniques par les premiers casques bleus. C'est un revers diplomatique considérable pour les deux nations européennes.

L'autorité du président égyptien Nasser sort renforcée du conflit. La cohésion des États arabes en est affermie. Immédiatement après l'intervention, les États du golfe suspendent leurs livraisons de pétrole, utilisant pour la première fois le boycott comme arme politique. Les bonnes relations traditionnelles existant entre les puissances occidentales et les États arabes se trouvent gravement altérées.

Des curieux observent les navires de guerre sur le canal de Suez.

Une fois les combats terminés, les troupes de l'ONU assurent le contrôle de l'exécution des clauses de l'armistice et du retrait des troupes. Les derniers soldats français et britanniques quittent l'Égypte le 24 décembre. Quant aux troupes israéliennes, elles évacuent le Sinaï au début de mars.

Une des conséquences de la crise de Suez est la dénonciation par l'Égypte du traité de 1954. Ainsi la Grande-Bretagne perd-elle toute influence sur cette voie stratégique. Quelques mois plus tard, la voie maritime entre la Méditerranée et la mer Rouge est rouverte à la navigation, après le renflouement des 44 épaves qui la bloquaient.

Histoire du canal de Suez

1869

Inauguration du canal de Suez
Après onze ans de travaux, l'impératrice française Eugénie inaugure le canal. La société du canal de Suez se voit accorder une concession de 99 ans. L'origine du canal remonte à 2 000 ans avant notre ère. Une voie maritime artificielle réunissait alors le bras occidental du Nil et les lacs Amers.

Inauguration du canal de Suez, en 1869

1882

Les Britanniques occupent la zone du canal
La flotte britannique bombarde Alexandrie. Des troupes occupent la zone du canal, d'une grande importance stratégique et économique. Dès 1876, l'influence anglaise grandit après qu'une grave crise financière a contraint l'Égypte à vendre ses actions du canal. Une rébellion militaire offre aux Britanniques l'occasion d'intervenir.

Navires anglais devant le canal, en 1882

1888

Garantie de la libre navigation
La convention d'Istanbul accorde la libre navigation sur le canal à tous les vaisseaux de commerce et de guerre de tout pavillon, en temps de paix et de guerre. Le traité interdit toute opération de guerre dirigée contre le canal et ses diverses installations. Le traité est signé par l'Allemagne, la France, la Grande Bretagne, les Pays-Bas, l'Autriche, la Russie, l'Espagne et la Turquie.

Nasser signant le traité du canal de Suez, en 1954

1954

Traité du canal de Suez
Au Caire est signé un traité sur le retrait des 80 000 soldats britanniques stationnés dans la zone du canal de Suez au cours des 20 mois à venir. Seuls peuvent rester sur place les ingénieurs britanniques chargés de l'encadrement du personnel autochtone qui exploite la voie maritime.

1975

Réouverture du canal de Suez
Huit ans après la seconde fermeture du canal à la suite de la guerre israélo-arabe de 1967, le canal est rouvert à la libre navigation internationale. La remise en service de cette voie maritime importante est interprétée comme un signe de détente au Proche-Orient.

Épaves obstruant le canal de Suez

Grace Kelly devient princesse

Le mariage du prince Rainier III de Monaco avec la star d'Hollywood Grace Kelly, le 19 avril 1956, est un événement médiatique de premier ordre. D'innombrables chaînes de télévision diffusent ce mariage féerique.

Les festivités de trois jours, les cortèges aux flambeaux et les gigantesques feux d'artifice sont si fastueux que l'on ne craint pas de les comparer à ceux du couronnement de la reine Elisabeth II, le 3 juin 1953.

Dans son allocution le jour du mariage, Francis Tucher, chapelain de la cour du prince Rainier de Monaco, révèle que, « pour des raisons d'État » le prince a renoncé

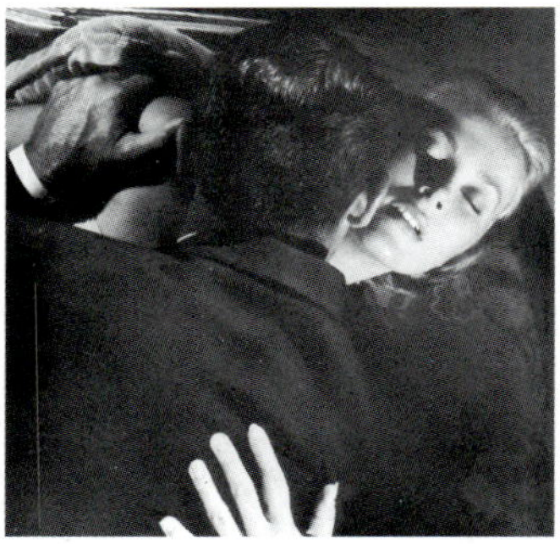

Cary Grant et Grace Kelly dans *La Main au collet*, en 1955

à l'actrice française Gisèle Pascal. L'ecclésiastique poursuit en assurant que le prince saura être fidèle dans l'avenir à Grace Kelly.

Rainier rencontre l'actrice, originaire de Philadelphie, en 1955, à l'occasion du festival de Cannes et se fiance avec elle un an plus tard. En 1954, Grace Kelly – qu'on a vue douze fois seulement à l'écran – fête son plus grand succès à Hollywood. Elle reçoit l'oscar de la meilleure actrice pour le rôle de l'épouse aigrie d'un alcoolique, dans *Une fille de la province*.

Cette fille d'un riche entrepreneur laisse parfois une impression glaciale et persiste à se nommer Gracia Patricia. Mais elle a un comportement tout à fait aristocratique pendant les cérémonies qui se déroulent à la cathédrale Saint-Charles de Monte-Carlo. Le prince, quant à lui, est particulièrement nerveux, comme le montrent les nombreuses photographies du mariage. La robe de la mariée, d'un prix inestimable, est exposée ensuite au musée d'art de Philadelphie.

Les Monégasques sont choqués par le désistement de nombreux invités ; parmi les rares représentants des maisons royales se trouvent l'ex-roi d'Égypte, Farouk, et l'ex-empereur d'Annam, Bao Dai. Le président des États-Unis Dwight Eisenhower, lui aussi invité, s'est fait représenter par le magnat de l'hôtellerie, Conrad Hilton.

Les réactions de la presse au mariage de Grace Kelly avec le prince Rainier sont enthousiastes en raison du côté « conte de fées » de l'événement, considéré, ici et là, comme une sorte d'opérette.

Cérémonie de mariage du prince Rainier III de Monaco et de Grace Kelly, le 19 avril 1956

Grace Kelly – qui était une fort bonne comédienne, très appréciée de Hitchcock – renonce définitivement à sa carrière d'actrice et donne naissance à un garçon, Albert, en 1958 et à deux filles, Caroline, en 1957, et Stéphanie, en 1965. La famille princière ne quitte pratiquement pas la une de la presse, transformant sa vie privée en une sorte de spectacle permanent. Même l'accident de voiture du 14 septembre 1982, qui coûte la vie à la princesse Grace alors âgée de 52 ans, ne met fin ni à l'indiscrétion des journalistes et des photographes, ni à la curiosité, parfois morbide, du public.

Mariages, divorces, scandales en tous genres, et même célibat sont la source d'innombrables rumeurs qui continuent aujourd'hui à alimenter la presse à sensation.

La principauté, quant à elle, reste égale à elle-même, un paradis fiscal situé dans un lieu enchanteur où viennent se réfugier quelques grands de ce monde.

Principaux films de Grace Kelly

1952

Le train sifflera trois fois
Dans ce western de Fred Zinnemann, Grace Kelly joue le rôle de l'épouse pleine de tendresse du shérif, Gary Cooper. Faisant taire ses scrupules, elle sauve son mari en tuant un gangster.

Grace Kelly et Alfred Hitchcock

1953

Le crime était presque parfait
Grace Kelly joue, sous la direction d'Alfred Hitchcock, le rôle de la riche Margot, femme du play-boy Tony Wendice (Ray Milland). Tony décide de faire tuer Margot, pour éviter qu'elle ne le quitte en emportant sa fortune. Le plan échoue. C'est à l'aide d'une paire de ciseaux que Margot tue un ancien condisciple d'école qui avait été recruté pour accomplir ce forfait.

Robert Cummings et Grace Kelly dans *Le crime était presque parfait*

1954

Fenêtre sur cour
Dans ce film de Hitchcock, Grace Kelly est la fiancée d'un photographe de presse L.B. Jeffries (James Stewart) qui, provisoirement cloué sur un fauteuil, observe à la jumelle la vie des habitants de son immeuble. Il est alors témoin d'un meurtre commis par le propriétaire d'un logement d'en face (Raymond Burr) sur la personne de sa femme. Bien que cela lui paraisse invraisemblable, Grace Kelly mène l'enquête que son fiancé anime à son tour de son fauteuil roulant.

James Stewart et Grace Kelly dans *Fenêtre sur cour*

1955

La Main au collet
Un des films romantiques d'Hitchcock. Un cambrioleur à la retraite, Cary Grant, est soupçonné de reprendre de l'activité. Une riche héritière, Grace Kelly, tombe amoureuse de lui et tente de l'aider à se disculper. Le coupable est confondu au cours d'un bal masqué.

1956

La Haute Société
Grace Kelly y joue le rôle d'une riche fiancée qui délaisse son futur mari pour épouser son grand amour (Bing Crosby). La chanson du film, chantée en duo avec Crosby – *True Love* – lui vaut un disque d'or. Louis Armstrong joue également dans ce film musical.

Bing Crosby et Grace Kelly dans *La Haute Société*

VII GIOCHI OLIMPICI INVERNALI
CORTINA 1956
18

Des jeux Olympiques pour la première fois sur le cinquième continent

Deux particularités marquent les jeux Olympiques de 1956 : les Jeux d'été, qui ont lieu à Melbourne en Australie, se déroulent en plein hiver européen, et les épreuves d'équitation, qui se passent à Stockholm en raison de mises en quarantaine strictes.

Au début de l'année 1956, « la jeunesse du monde » se rend dans les Dolomites italiennes, à Cortina d'Ampezzo. Cette communauté de 6 500 âmes a déjà postulé deux fois pour recevoir les Jeux : en 1944, ils sont annulés pour cause de guerre, et en 1952, le Comité international olympique (CIO) accorde la préférence à Oslo, capitale de la Norvège.

Avec 818 athlètes venus de 32 pays, les organisateurs enregistrent un nouveau record de participation pour des jeux Olympiques d'hiver. L'équipe d'Union soviétique célèbre ses débuts dans ces compétitions ; avec 16 médailles, elle est la nation la plus performante devant l'Autriche (11 médailles) et la Finlande (7 médailles).

L'Autrichien Toni Sailer remporte les trois médailles d'or en ski alpin. Ce champion se fera également un nom en tant qu'acteur.

Parmi les 24 nouveautés, on trouve en ski nordique le 3 x 5 km relais dames. Le 18 km messieurs est remplacé par une course de 15 km et une de 30 km. Mais il n'est pas nécessaire de se trouver dans les gymnases ou sur les pistes pour pouvoir suivre les compétitions. La télévision italienne se prépare depuis deux ans à couvrir l'événement, et des millions de personnes peuvent ainsi suivre les épreuves en direct, en regardant chez eux la télévision.

À Melbourne, on assiste aux premiers boycotts de l'histoire olympique : en raison de la répression de l'insurrection hongroise par l'URSS, les Pays-Bas, la Suisse et l'Espagne renoncent à participer aux Jeux. L'Égypte, le Liban et l'Iraq ne participent pas non plus en raison de la crise du Proche-Orient, provoquée par l'affaire du canal de Suez. La République populaire de Chine quitte le CIO, le Comité ayant entre-temps accueilli Taïwan.

Ces premiers Jeux d'été qui se déroulent dans l'hémisphère Sud placent les athlètes en provenance de l'hémisphère Nord dans une position inconfortable : la date tardive des Jeux, du 22 novembre au 8 décembre, va à l'encontre de toutes leurs habitudes tant pour leur entraînement que pour les compétitions. En outre, les frais de voyage extrêmement élevés font tomber le nombre des participants à 3 342. C'est un triste record pour des Jeux d'après-guerre.

Il manque par ailleurs les équipes d'équitation. Elles ont déjà couru des épreuves olympiques en juin à Stockholm, car le gouvernement australien exige une quarantaine de six mois pour les chevaux.

Hans Günter Winkler et son cheval Halla sur le chemin de la victoire

Si les Français n'obtiennent aucune médaille à Cortina, leurs résultats sont toutefois meilleurs à Melbourne avec 14 médailles. Christian d'Oriola s'impose au fleuret, qui est désormais électrique. Alain Mimoun, âgé de 35 ans, obtient la médaille d'or au marathon qu'il court pour la première fois, prenant ainsi sa revanche sur son éternel rival Zátopek, arrivé seulement sixième. En cyclisme, l'équipe de France obtient la médaille d'argent en poursuite, derrière l'Italie, alors que le Parisien Rousseau s'adjuge la médaille d'or en vitesse et la France la compétition sur route par équipe. Jean Boiteux, quant à lui, ne renouvelle pas son exploit de 1952, n'arrivant que sixième au 1 500 m.

Malgré un contexte politique difficile, les Jeux de Melbourne se terminent dans la plus joyeuse des ambiances.

Les vainqueurs des jeux Olympiques de 1956

Hiver 1956

Ievgeni Grischin
Le patineur de vitesse soviétique participe quatre fois (de 1956 à 1968) aux jeux Olympiques d'hiver. Le double champion olympique sur 500 m et 1 500 m en 1956 renouvelle son exploit quatre ans plus tard à Squaw Valley. À Innsbruck, en 1964, il est deuxième sur le 500 m et fait ses adieux à 37 ans en obtenant une quatrième place au 500 m.

Ievgeni Grischin (à droite) et son compatriote Rafael Grach, médaille d'argent au 500 m

Été 1956

Larissa Latynina
La première apparition de la gymnaste soviétique aux jeux Olympiques marque le début d'une brillante carrière. La préférée du public de Melbourne gagne l'or au sol, au saut de cheval, au concours général, ainsi qu'en équipe. Quatre ans plus tard, elle célèbre à Rome ses victoires au sol, dans 8 ateliers et en équipe. En 1964 à Tokyo, elle décroche une nouvelle fois la médaille d'or au sol.

Larissa Latynina

Été 1956

Betty Cuthbert
La sprinteuse australienne améliore par ses victoires au 100 m et au 200 m le record olympique de l'époque. Elle remporte la première et jusqu'ici dernière victoire olympique australienne du relais 4 x 100 m.

Betty Cuthbert (à droite) avec sa compatriote la nageuse Dawn Fraser

Été 1956

Bob Morrow
L'Américain Bob Morrow est la star des compétitions d'athlétisme chez les messieurs. Il devient triple champion olympique en remportant les deux courtes distances de sprint et le relais 4 x 100 m.

Été 1956

Murray Rose
En remportant l'or au 400 m et au 1 500 m nage libre, l'Australien suit les traces du nageur américain Johnny Weissmuller, qui fut le premier, en 1924, à remporter deux courses simples (100 m et 400 m nage libre). En 1960, Rose défend son titre sur 400 m et finit deuxième au 1 500 m. Il améliore par ailleurs en 1962 (sur 400 m) et en 1964 (sur 1 500 m) les records mondiaux dans ses disciplines favorites.

Bob Morrow bat son propre record du 100 m.

EN FOI DE QUOI les plénipotentiaires soussignés ont apposé leurs signatures au bas du présent Traité.

ZU URKUND DESSEN haben die unterzeichneten Bevollmächtigten ihre Unterschriften unter diesen Vertrag gesetzt.

IN FEDE DI CHE i plenipotenziari sottoscritti hanno apposto le loro firme in calce al presente Trattato.

TEN BLIJKE WAARVAN de ondergetekende gevolmachtigden hun handtekening onder dit Verdrag hebben gesteld.

Fait à Rome, le vingt-cinq mars mil neuf cent cinquante-sept.

Geschehen zu Rom, am fünfundzwanzigsten März neunzehnhundertsiebenundfünfzig.

Fatto a Roma, il venticinque marzo millenovecentocinquantasette.

Gedaan te Rome, de vijfentwintigste maart negentienhonderd zeven en vijftig.

Six États concrétisent l'idée d'une Europe commune

1957

La coopération économique comme moyen d'unir les pays de l'Europe de l'Ouest, telle est l'idée qui guide la Communauté économique européenne (CEE) et de l'Euratom. Les traités de Rome de 1957 prévoient la création d'institutions supranationales.

Les traités de Rome ne représentent pas seulement le début, mais aussi le sommet provisoire d'une évolution qui s'est effectuée immédiatement après la Seconde Guerre mondiale. Des hommes politiques, voyant à long terme, ont développé l'idée de reposer les relations de leurs États sur une base nouvelle, afin d'éviter à l'avenir des crises sur le continent européen.

La création du Conseil de l'Europe en 1949 est un premier pas dans cette direction : le projet est dû à l'ex-Premier ministre britannique Winston Churchill. Et l'on doit le deuxième au ministre français des Affaires étrangères, Robert Schuman, qui veut regrouper les productions française et allemande de charbon et d'acier. Le but en est le contrôle et l'utilisation des matières premières et des produits stratégiques. Cette étroite collaboration doit aider à faire disparaître une fois pour toutes « l'inimitié héréditaire franco-allemande ».

Les documents fondateurs de la CEE

La Communauté européenne du charbon et de l'acier (CECA), créée en 1951, compte six États : le Benelux (Belgique, Hollande, Luxembourg), la France, l'Italie et l'Allemagne de l'Ouest. La particularité la plus importante de la politique commune est que tous les membres transfèrent leurs pouvoirs à la haute autorité choisie par les six gouvernements. Le Français Jean Monnet, en sa qualité de ministre chargé du plan, prend fait et cause pour le projet et devient le premier président de la Haute Autorité qui siège à Luxembourg.

En 1954, l'idée d'une Communauté européenne de défense (CED) échoue, entraînant l'abandon de la communauté politique européenne. Un an plus tard, les ministres des Affaires étrangères des six États de la CECA prennent un nouveau départ qui va donner à l'Europe sa place dans le monde et lui rendre une influence et une force de rayonnement. Ils envisagent alors de nouveaux projets pour l'Union économique et une coopération dans le développement des industries nucléaires (Euratom).

Les traités de Rome, signés le 25 mars 1957, conjuguent les intérêts des membres, la France et l'Allemagne en étant la force motrice. La

Signature du traité de Rome au Capitole, mairie de la Ville éternelle

France entend protéger son économie et garder le contrôle de sa politique atomique. Quant à l'Allemagne, elle souhaite trouver un grand marché commun pour son économie alors en plein essor.

Réaliser progressivement ce marché en supprimant les barrières douanières, tel est l'objectif de la CEE : il faut écarter tous les obstacles du marché, garantir la libre circulation des personnes, des services et du capital.

Les institutions de la Communauté sont proches de celles de la CECA. Elles sont constituées de cinq instances : le Conseil, qui réunit les ministres des pays participants, est un organe de décision; la Commission propose au Conseil les mesures à prendre; l'Assemblée de Strasbourg (devenue Parlement européen en 1962), outre son rôle législatif, arrête le budget; la Cour de justice européenne, déjà créée pour la CECA, s'assure du respect des traités; enfin la Cour des comptes contrôle et analyse le budget.

Les « pères » de l'Union européenne

1862-1932
Aristide Briand
Président du Conseil, ministre des Affaires étrangères, ministre de la Justice et des Cultes, il reçoit en 1926 le prix Nobel de la Paix avec son collègue allemand Gustav Stresemann pour avoir œuvré à la réconciliation en Europe. Les deux hommes politiques posent les bases du traité de Locarno (1925) qui assure une détente en Europe. Jusqu'en 1928, Briand et le secrétaire d'État américain Frank Kellog travaillent à un pacte, le pacte Briand-Kellog, visant à éviter la guerre. En 1930 Briand présente un plan pour des États-Unis d'Europe.

Gustav Stresemann (à gauche), Joseph Austen Chamberlain (au centre) et Aristide Briand

1881-1954
Alcide De Gasperi
Premier ministre et ministre des Affaires étrangères italien entre 1945 et 1953, il aspire après 1945 à créer une union politique et économique de l'Europe de l'Ouest. Alcide De Gasperi est membre du Mouvement européen, du Comité des ministres dans le Conseil de l'Europe et du Conseil économique. Il participe à la réalisation de la CECA, dont il devient le président en 1954. La Communauté européenne de défense, élaborée par ses soins, échoue en 1954.

Alcide De Gasperi

1886-1963
Robert Schuman
Président du Conseil français de 1947 à 1948 et ensuite ministre des Affaires étrangères de 1948 à 1953, il élabore avec Jean Monnet le plan qui porte son nom. Schuman travaille en faveur de la coopération pacifique des États européens dans le domaine politique, économique et militaire. Président du Mouvement européen en 1955, il devient le premier président de l'Assemblée parlementaire de Strasbourg, en 1958.

Robert Schuman

1899-1972
Paul Henri Spaak
Plusieurs fois Premier ministre et ministre des Affaires étrangères belge, il prépare en 1948 l'union économique des pays du Benelux. Pionnier de l'Union européenne, il préside, en 1946, la première assemblée générale de l'ONU et, en 1952, la CECA. Il sera secrétaire général de l'OTAN de 1957 à 1961.

Paul Henri Spaak

L'Europe des Six

Avec la signature des traités de Rome, l'Italie, la France, le Benelux, et la République fédérale d'Allemagne créent les bases de la communauté européenne.

Comme préalable à une « coopération de plus en plus étroite des nations européennes », les six gouvernements de l'Europe occidentale créent, en signant les traités de Rome, la Communauté économique européenne (CEE) et la communauté atomique européenne (Euratom). Les nouvelles institutions sont ouvertes à tous les États désireux d'y adhérer. L'arrière-plan de l'union est le désir de s'affirmer ensemble économiquement et politiquement, face aux grandes puissances de l'URSS et des États-Unis. En outre, l'Allemagne de l'Ouest, qui connaît de nouveau un essor économique, peut être intégrée dans cette structure supranationale.

Au centre de l'ensemble de ces accords de 1957 se trouve la CEE, dont l'objectif est une intégration croissante de l'espace économique commun. Dans les dix ans à venir, les barrières douanières doivent être supprimées entre les pays ; on prévoit en outre une union douanière.

On porte une attention spéciale au domaine rural. Avec des prix minima et des garanties d'achat, la CEE assure aux paysans un salaire fondé sur les évolutions générales des revenus, mais elle affecte aussi une partie de son budget à des subventions importantes, et crée à moyen terme des « régions » totalement nouvelles. De grandes quantités de lait et de beurre sont destinées aux enfants nécessiteux de la Communauté européenne.

L'Euratom, décidé également par les accords de Rome, a pour objectif l'édification et le développement de l'industrie nucléaire des six pays membres. Dans le cadre de ses obligations, l'Euratom fournit les matières premières indispensables.

Belgique

Capitale :	Bruxelles
Superficie :	30 513 km^2
Population :	8,6 M (1950), 10,1 M (1993)
Langues :	français, flamand, allemand

Depuis 1955, l'économie belge connaît un essor exceptionnel. L'agriculture fortement développée est d'un rapport excellent dans les régions rurales fertiles : céréales, pommes de terre, betteraves à sucre, lin, légumes, fruits et tabac. L'industrie, les mines, le secteur du commerce et des services ont toutefois des résultats économiques encore supérieurs à ceux de l'agriculture, de la sylviculture et de la pêche.

République fédérale d'Allemagne

Capitale :	Bonn (après 1991 : Berlin)
Superficie :	248 625 km^2 (après 1991 : 356 733 km^2)
Population :	50 M (1950), 81,3 M (1994)
Langue :	allemand

L'économie de la RFA dans les années 50 est caractérisée par une forte migration vers l'industrie, dominée par le fer et le charbon (l'Allemagne ne possède pratiquement pas d'autres matières premières) et les services. L'industrie des biens d'investissement et d'équipement (machines-outils, voitures, avions) se développe pour devenir une branche importante de l'activité.

France

Capitale :	Paris
Superficie :	547 026 km^2
Population :	42 M (1950), 57,8 M (1994)
Langue :	français

L'économie française après la guerre s'appuie en grande partie sur l'agriculture (vins, céréales, élevage). Des ressources en fer, charbon et bauxite permettent à une industrie lourde de se développer dans le Nord et l'Est. Une importante industrie de transformation est implantée en région parisienne (chimie, automobile), le couloir rhodanien (raffinerie, chimie), et le Nord (textile). Une grande façade maritime favorise la pêche et le commerce.

Italie

Capitale :	Rome
Superficie :	301 252 km^2
Population :	47 M (1950), 57,8 M (1993)
Langue :	italien

L'Italie est un grand pays industriel avec de forts antagonismes entre le Nord et le Sud. Il dispose de fer, de zinc et de plomb ainsi que de soufre. L'exploitation du mercure, autrefois importante en Toscane, a cessé dans les années 70. Les Alpes et les Apennins fournissent de l'énergie hydraulique. On extrait du pétrole et du gaz naturel en Sicile. L'Italie est un producteur important de fer, d'acier, de ciment, de plastique et de produits chimiques.

Luxembourg

Capitale : Luxembourg
Superficie : 2 586 km²
Population : 0,3 M (1950), 0,4 M (1993)
Langues : luxembourgeois, français

Pendant des décennies, l'extraction de minerai et les aciéries ont représenté le fondement économique du pays. Mais le changement est intervenu avec la crise de l'acier au milieu des années 70. La moitié du plus petit État de la CEE est occupée par l'agriculture ; les produits principaux sont les bovins, le lait et le vin. À partir des années 70, la capitale du Luxembourg est devenue le centre de la CEE et de l'économie avec ses banques, ses assurances et ses administrations.

Pays-Bas

Capitale : Amsterdam
Superficie : 40 844 km²
Population : 10 M (1950), 15,3 M (1994)
Langue : néerlandais

L'agriculture intensive permet d'exporter des produits d'élevage : beurre, fromage, volailles, œufs, viande. Très importante est la culture des fleurs, des légumes, des fruits. On y cultive surtout du blé, des pommes de terre, de la betterave à sucre. On y extrait du gaz naturel, du pétrole et du sel gemme. Le nombre des actifs dans l'agriculture a diminué de façon continue jusqu'au milieu des années 90 ; celui des employés de l'industrie, du commerce et des transports a en revanche augmenté.

La Communauté européenne à sa fondation

La campagne des Cent Fleurs de Mao et l'échec du « Grand Bond en avant »

Dans son discours du 27 février 1957, le chef de l'État chinois, Mao Zhé dong, appelle la population à critiquer ouvertement les dirigeants et les institutions. Un an plus tard, il instaure son programme de développement, le Grand Bond en avant.

Par sa campagne dite des Cent Fleurs, Mao tente de réagir contre le mécontentement croissant de la population envers les hommes au pouvoir. Il appelle le peuple à exprimer librement son opinion. Les intellectuels – au moins pour une certaine période et dans un certain cadre – doivent bénéficier de plus de liberté et sont autorisés à critiquer la politique. Le chef de l'État chinois pense ainsi être en mesure de canaliser le mécontentement du pays.

Les autres États communistes réagissent avec beaucoup de réserve à l'initiative chinoise. L'URSS déclare qu'il n'existe aucune tension dans le pays, contrairement à ce qui se passe en Chine. Il n'y a donc aucune raison de prendre de semblables mesures. La faille idéologique entre les deux grands États communistes est manifeste.

Par son programme de développement économique, Mao veut avant tout favoriser l'industrie, en particulier les aciéries.

Dans la période qui suit, les journaux chinois publient des articles critiques. Mais bientôt ils vont au-delà de l'objectif fixé en s'en prenant à la direction de l'État et en particulier à la politique de Mao et à celle du premier ministre Zhou Enlai. La campagne des Cent Fleurs s'achève avant la fin de 1957.

Un an plus tard, le 29 août 1958, Mao impose au comité central du parti communiste chinois son concept économique du « Grand Bond en avant ». En très peu de temps, par l'intensification de la vie économique et technologique, la Chine doit conquérir son indépendance et être à même de concurrencer les États industriels de l'Ouest. Simultanément, la République populaire de Chine doit être le premier pays à dépasser le socialisme pour entrer dans la phase du communisme, contestant ainsi le rôle dominant de l'URSS. En conséquence, la Chine doit se détacher des Soviétiques au plan économique et politique.

Mao veut promouvoir l'industrie lourde. Ses plans prévoient pour les dix années à venir une croissance de la production industrielle de 45 %. La production agricole doit augmenter de 20 %. Pour atteindre cet objectif, les coopératives agricoles sont transformées en collectifs de production, les communes populaires, en vue de réaliser des projets plus importants. Parmi les autres points forts du programme de Mao, citons la suppression totale du secteur privé, ainsi que l'éclatement des structures traditionnelles, y compris celles de la famille.

Lors d'une manifestation, des travailleurs brandissent des portraits de Mao Zhé dong.

La prospérité économique ne vient cependant pas. L'éclatement des structures existantes dans l'industrie et l'agriculture s'avère désastreux, car il bloque l'économie. Mao, se trouvant en opposition de plus en plus forte avec la majorité des membres du comité central du parti, renonce à briguer à nouveau la fonction de chef de l'État.

Les années suivantes sont marquées par une baisse de la croissance industrielle. Mauvaises récoltes et chutes de la production précipitent le pays dans la crise. Avec la Révolution culturelle, Mao finit par instaurer, au cours des années 60, un nouveau programme en vue de structurer l'État et la société. Les valeurs traditionnelles doivent être balayées au profit d'idéaux nouveaux.

Hommes et événements marquants autour de Mao

1969

Hua Guofeng au comité central
Né en 1921, l'homme politique entre à la direction du parti en 1969. Après la mort de Mao en 1976, il devient Premier ministre et, la même année, chef du parti. Il parvient d'abord à s'affirmer contre ses rivaux, mais on lui reproche le culte de la personnalité. Ses erreurs idéologiques finissent par lui faire perdre sa fonction en 1981.

Hua Guofeng

1971

Mort du dauphin de Mao
Lin Piao est en 1949 commandant en chef de l'armée et, durant la Révolution culturelle, il se trouve aux côtés de Mao. Mais à partir du moment où il s'oppose à la thèse de la « révolution permanente », son influence politique chute soudainement En 1971, il disparaît en Mongolie, la thèse officielle voulant que son avion ait été abattu alors qu'il tentait de gagner l'URSS après un putsch manqué.

Lin Piao

1976

Mort du cofondateur du parti communiste
En 1949, Zhou Enlai participe à la Longue Marche des communistes dans le nord du pays. En tant que cofondateur du parti, il est le représentant de Mao ; il exerce la fonction de Premier ministre et de ministre des Affaires étrangères. Il meurt à Pékin en 1976.

Zhou Enlai

1977

Réhabilitation de Deng
Deng Xiaoping est réintégré dans toutes ses fonctions, au gouvernement et dans le parti. Deng impose des forces modérées qui préconisent une ouverture économique. Il reste « l'homme fort » du régime jusque dans les années 80. Il meurt à Pékin en 1997.

1987

Li Peng devient chef du gouvernement
Membre du parti communiste de la Chine depuis 1945, Li Peng, né en 1929, devient Premier ministre. Il appartient à la deuxième génération des dirigeants du pays qui, après la mort de Mao, déterminent la politique du pays.

Li Peng

Les Noirs à l'école des Blancs

C'est dans les années 50 et 60 que l'Amérique fait les progrès les plus importants sur la voie de l'égalité des droits et des chances en faveur des citoyens noirs.

Pour la première fois, le 25 septembre 1957, à Little Rock dans l'Arkansas, des élèves noirs entrent dans un collège de la ville jusque-là réservé aux Blancs. Quelques jours plus tôt – sur ordre du gouverneur – la garde nationale a encore empêché ces jeunes gens de pénétrer dans l'école. Le président Eisenhower envoie alors 1 000 parachutistes et place sous les ordres du commandement fédéral les 10 000 soldats de la garde nationale pour protéger les écoliers noirs des manifestants qui protestent contre l'instauration de l'intégration raciale.

Des étudiantes blanches à Little Rock insultent une élève noire.

Dans les années 50, les États-Unis se composent, surtout au Sud, de deux sociétés : la blanche et la noire. L'héritage de l'esclavage est partout présent dans la vie quotidienne, où il existe toujours des institutions séparées pour les Noirs et pour les Blancs. Nombreux sont ceux qui pensent encore que les citoyens de couleur sont des êtres inférieurs, ce qui se ressent dans le droit en vigueur.

En 1896, la législation des droits civiques de 1875 est abrogée par la Cour suprême et le principe « séparés, mais égaux » devient légal. Beaucoup d'États fédéraux décrètent alors des lois qui, en fait, codifient l'apartheid américain. Quoique les Noirs possèdent *de jure* le droit de vote, il leur est souvent interdit de l'exercer par intimidation, réglementation fiscale discriminatoire ou par la soumission à des tests de lecture et d'écriture.

La décision de la Cour suprême en 1954 représente une des victoires les plus importantes du mouvement des droits du citoyen : « Dans le domaine de l'éducation publique, le principe "séparés, mais égaux" n'a plus lieu d'être. » C'est ce jugement qui ouvre la voie à l'intégration raciale à l'école de Little Rock.

Le pasteur baptiste Martin Luther King organise en 1955 un boycott des autobus de la ville de Montgomery, en Alabama. Cela aboutit à l'abrogation par la Cour suprême de l'obligation faite aux Noirs d'occuper la partie arrière des autobus. Martin Luther King appuie

À Sacramento, en Californie, des membres du Ku Klux Klan érigent une croix qu'ils brûlent au cours d'une cérémonie.

également les étudiants de Caroline du Nord qui, en 1960, organisent à Greensboro des manifestations lors de la distribution de repas réservés aux Blancs. À l'opposé du combat pacifique mené par Martin Luther King, d'autres comme Malcolm Little, dit Malcolm X, luttent pour l'instauration d'un État noir indépendant.

En 1961, James Farmer de la CORE – une organisation qui lutte contre la discrimination raciale – appelle à faire des « voyages de liberté », selon son expression, afin de permettre aux Noirs d'emprunter les lignes d'autobus à longue distance.

Les opérations au cours desquelles les Noirs s'inscrivent sur les listes électorales mettent en question des lois visant à interdire leur participation aux votes. Il faut attendre la fin des années 60 et les premiers effets de la politique de Lyndon B. Johnson pour que cessent la violence sur la voie publique ainsi que l'obstruction des sénateurs des États du Sud.

Lutte des Noirs pour l'égalité des droits

5 mars 1954

Entrée du premier Noir au gouvernement

Le président Eisenhower nomme l'avocat noir Ernst Wilkins vice-ministre du Travail. Il est le premier homme de couleur au gouvernement dans l'histoire des États-Unis.

Manifestation contre l'intégration scolaire

17 mai 1954

Fin de la ségrégation à l'école

La Cour suprême des États-Unis déclare anticonstitutionnelle la séparation des Blancs et des Noirs dans les écoles publiques. Il faut modifier les lois existantes dans 21 États. Le jugement est rendu à la suite de la plainte d'un père contre la direction d'une école de Topeka, au Kansas, qui avait refusé d'accepter son fils dans une école fréquentée seulement par les Blancs.

Martin Luther King pendant la marche sur Washington

27 août 1963

Marche sur Washington

250 000 personnes manifestent au cours de la marche sur la capitale américaine contre la discrimination raciale et pour le programme de John Kennedy en faveur des droits civiques. Devant le mémorial de Lincoln, le défenseur des droits, Martin Luther King, fait un discours devenu célèbre : « Je fais un rêve » dans lequel il esquisse sa vision d'une société de liberté et d'égalité.

Lyndon Johnson avec Martin Luther King

2 juillet 1964

Suppression de la discrimination raciale

Le président des États-Unis Lyndon Johnson signe la loi des droits du citoyen, sur la suppression de la discrimination raciale, initiée par son prédécesseur Kennedy. Elle est l'acte juridique le plus important aux États-Unis en faveur des hommes de couleur depuis l'abolition de l'esclavage par Abraham Lincoln et l'ancrage des droits du citoyen dans la Constitution de 1787.

Émeute en Alabama : incendie d'un autobus Greyhound

11 août 1965

Troubles à Watts

À Watts, le quartier noir de Los Angeles, ont lieu les plus grandes émeutes raciales des États-Unis depuis 1945, dues aux conditions de vie des Noirs dans les banlieues des grandes villes américaines. On compte 35 morts.

Le lancement du *Spoutnik* crée un choc aux États-Unis

1957

Le 4 octobre 1957, les Soviétiques lancent dans l'espace *Spoutnik 1*, premier satellite artificiel de la Terre. Cet exploit est ressenti par les Américains comme un véritable camouflet : l'URSS leur conteste la place de première nation scientifique du monde.

Le *Spoutnik*, petite sphère métallique de 58 cm de diamètre, pesant exactement 84 kg, fait le tour de la Terre selon une orbite qui s'écarte de notre planète d'une distance variant entre 228 et 947 km. Ce satellite artificiel se déplace à une vitesse de 29 000 km/h et fait le tour de la Terre en un peu plus de 96 minutes. Deux émetteurs à bord transmettent des signaux dans le monde entier.

Triomphant, le chef du parti communiste soviétique, Nikita Khrouchtchev, déclare : « Lorsque nous avons annoncé la réussite de l'expérience des fusées intercontinentales, certains chefs d'État américains refusèrent de nous croire... Maintenant que nous avons lancé ce satellite autour de la Terre, seuls de parfaits ignorants de la technique peuvent en douter. »

La chienne Laïka dans la capsule spatiale soviétique *Spoutnik 2*

Les chercheurs américains qualifient la performance soviétique de « fantastique », mais se sentent touchés dans leur honneur. Les États-Unis, pionniers de la fabrication des armes nucléaires, passent alors pour posséder une supériorité technique inégalable et ce lancement remet en cause leur primauté. Il leur faut reconnaître l'avance de l'URSS dans le domaine des fusées.

Les militaires perçoivent immédiatement le danger. Le poids du *Spoutnik* indique que les Soviétiques doivent posséder des fusées beaucoup plus puissantes que celles dont les États-Unis disposent alors. En d'autres termes, l'URSS a les moyens de menacer les États-Unis.

Un mois après la réussite du lancement de *Spoutnik 1*, les Soviétiques creusent encore leur avance sur les Américains. Ils procèdent avec *Spoutnik 2* au premier vol habité, le passager étant la petite chienne Laïka. Les dispositifs à l'intérieur de la cabine l'alimentent en air et en eau. Mais les Soviétiques ne peuvent récupérer le véhicule, faisant de Laïka la première victime des voyages dans l'espace.

Après plusieurs échecs, les Américains enregistrent leur premier succès, le 1er janvier 1958, à 22 h 48, heure locale, en lançant le satellite *Explorer 1*. L'engin, placé sur orbite par une fusée à quatre étages du type *Jupiter C*, pèse seulement 14 kg et se déplace à 27 000 km/h, effectuant douze révolutions par jour autour de la Terre.

La presse internationale rend compte du succès du *Spoutnik*.

Pour développer leur programme, les Américains créent le 1er octobre 1958 la National Aeronautic Space Administration (NASA). La recherche concernant les fusées est placée sous la direction de l'ingénieur allemand Wernher von Braun qui, après avoir participé à la réalisation des fusées V2 pendant la Seconde Guerre mondiale en Allemagne, émigre aux États-Unis.

Au-delà de la simple compétition scientifique, la course à l'espace entre les deux superpuissances présente des enjeux politiques considérables : celui qui domine la technique des lanceurs intercontinentaux tient l'autre à sa merci, à moins que ce dernier puisse riposter par des moyens analogues. C'est le fondement même de la politique de dissuasion, qui domine la vie internationale durant toute la période de la guerre froide.

Les premières étapes de la conquête spatiale

1945

Chasse aux ingénieurs spécialistes des fusées
Tant en URSS qu'aux États-Unis, on recherche la collaboration des techniciens allemands qui ont travaillé au centre d'essais de Peenemünde où furent mises au point les fusées utilisées par les nazis. Wernher von Braun, un des responsables de la fabrication des V2, est emmené avec son équipe sur la zone d'essais américaine à White Sands au Nouveau-Mexique. Il dirige le programme de la NASA, chargée d'envoyer le premier homme sur la Lune.

Un V2 sur sa rampe de lancement

27 août 1958

Deux chiens dans l'univers
L'Union soviétique réussit un vol spatial avec deux chiens. Le vaisseau est envoyé à 450 km d'altitude. Les deux chiens sont récupérés sains et saufs.

Le centre d'essais de Peenemünde

1er octobre 1958

Création de la NASA
Sur l'ordre du président Eisenhower est créée une organisation chargée des problèmes de l'espace. La compétence de la NASA embrasse tous les projets spatiaux non militaires.

4 octobre 1959

Images de la face cachée de la Lune
Trois mois après que *Lunik 2* a atteint la Lune, *Lunik 3* en fait le tour et envoie vers la Terre des images de la face cachée de notre satellite naturel.

Le satellite soviétique *Spoutnik 3*

12 avril 1961

Le premier homme dans l'espace
Lancé de Baïkonour à bord du *Vostok*, le cosmonaute Youri Gagarine fait, pour la première fois, le tour de la Terre, et revient sain et sauf. L'Union soviétique marque encore un point sur les Américains dans la course à l'espace. Les États-Unis suivent quelques jours après, le 5 mai, avec le vol balistique d'Alan Shepard qui est le premier Américain lancé dans l'espace. Le premier vol orbital américain a lieu le 20 février 1962, avec John Glenn dans une capsule *Mercury* qui fait trois fois le tour de la Terre.

La sonde automatique soviétique *Lunik 3*

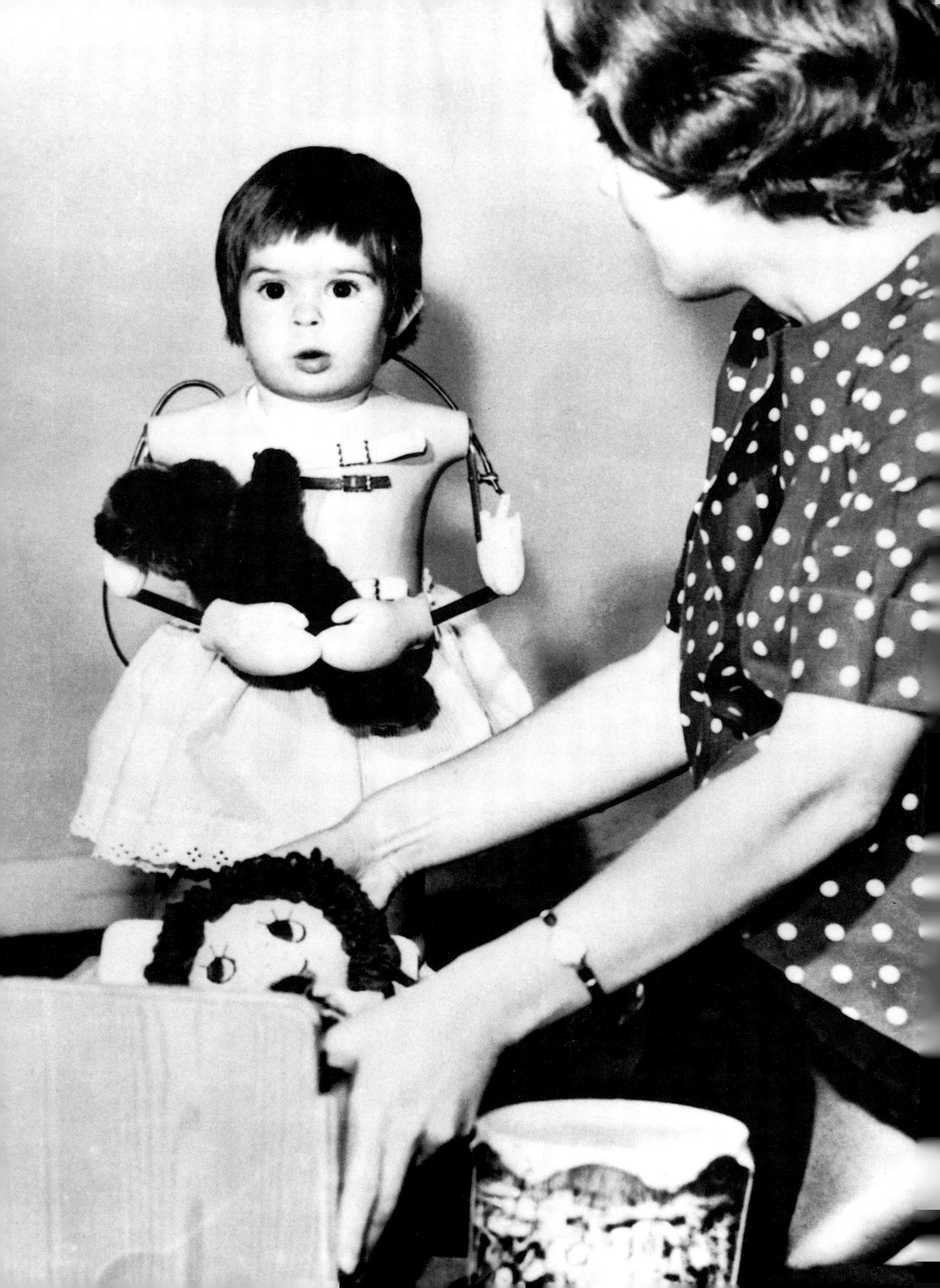

Le scandale de la thalidomide touche de nombreux parents

Aucun effet secondaire n'ayant été observé lors des expériences menées sur des animaux puis sur des hommes, un tranquillisant – la thalidomide – sort sur le marché. Quatre ans plus tard, il est reconnu comme responsable de graves malformations fœtales.

En mai 1954, la molécule d'un nouveau tranquillisant est brevetée et déposée auprès de l'Organisation mondiale de la santé, l'OMS. On l'enregistre alors sous le nom de thalidomide. Au cours des deux années suivantes, l'industrie pharmaceutique teste le médicament sur 300 patients, sans observer d'effets secondaires notables. Le 1er octobre 1957, la société Grünenthal à Stolberg, près d'Aix-la-Chapelle, lance le nouveau produit.

De nombreux enfants souffrent de graves malformations causées par la thalidomide.

Entre les mois d'octobre 1957 et novembre 1962, près de 5 millions de personnes sont traitées à la thalidomide. En janvier 1961, quelque 20 millions de doses sont vendues quotidiennement.

À cette date, seules 500 plaintes parviennent au laboratoire médical concernant des effets secondaires minimes. Au début de 1961, quelques rapports indiquent des sensations de fourmillement aux extrémités des membres lors de prises prolongées. On décide donc de ne fournir la thalidomide que sur prescription médicale. Ce produit continue jusqu'à l'automne 1961 à passer pour un bon tranquillisant et un bon somnifère, préférable aux barbituriques.

Le 18 novembre 1961, lors d'un congrès médical à Düsseldorf, le pédiatre Widukind Lenz émet publiquement l'hypothèse que la thalidomide peut être liée à la soudaine augmentation de malformations chez les nouveau-nés. Peu de temps après, on apprend que plusieurs centaines de mères ont mis au monde des enfants gravement atteints. Les nourrissons n'ont ni bras, ni jambes, ni oreilles selon les cas. Une enquête auprès des mères concernées révèle qu'elles ont toutes absorbé des médicaments contenant de la thalidomide au cours de leur grossesse.

En décembre 1961, les premières plaintes sont déposées. 2 625 enfants sont atteints en Allemagne et 800 en Angleterre. La thalidomide est alors interdite.

Le 27 mai 1968 débute à Aix-la-Chapelle le procès tant attendu. Sept dirigeants de la société Chemie Grünenthal doivent répondre d'homicide par imprudence et de délit à l'encontre du droit médical.

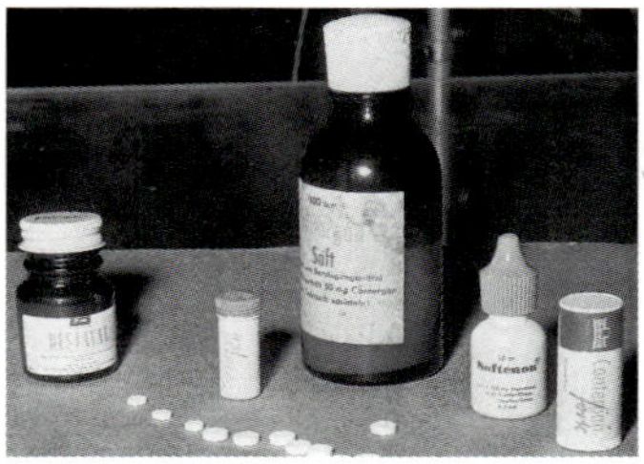

Produits pharmaceutiques contenant de la thalidomide

Les avocats considèrent qu'il est manifeste que la thalidomide entraîne des malformations corporelles sur le fœtus. Le jugement n'est pourtant pas rendu. Le tribunal classe l'affaire en décembre 1970, considérant minime la responsabilité personnelle des accusés. Dans un acte sous seing privé, la société s'engage à verser des dédommagements.

Ce scandale conduit en 1978 à une nouvelle législation du droit médical : la procédure d'enregistrement jusqu'alors en vigueur est remplacée par une procédure d'autorisation de commercialisation pour les médicaments. La nouvelle loi doit en particulier améliorer la protection par rapport aux médicaments dangereux et accorder un dédommagement convenable en cas de problème. Il est nécessaire aujourd'hui de procéder à une série complète de tests de longue durée avant d'introduire un nouveau médicament sur le marché.

Les risques pour la santé entraînés par des médicaments

1884

La cocaïne
La cocaïne est introduite en médecine par l'ophtalmologiste autrichien Carl Koller comme anesthésiant local. Contrairement à l'opium et à la morphine, la cocaïne n'est pas alors considérée comme une drogue. En huit ans, on recense dix-huit morts par paralysie respiratoire due à un empoisonnement par la cocaïne. Les médecins reconnaissent depuis le danger d'accoutumance.

Carl Koller

1910

Le Salvarsan
Le Salvarsan, mis au point par Paul Ehrlich et Sahatichiro Hata, premier médicament de chimiothérapie efficace, est accueilli comme le médicament miracle pour combattre la syphilis. Il est cependant rapidement contesté pour ses effets toxiques graves. Le Néosalvarsan, mis au point par Ehrlich en 1912, n'entraîne que de minimes effets secondaires et s'avère efficace.

Paul Ehrlich

1930

Vaccin du BCG
À Lübeck, 250 enfants reçoivent un vaccin contre la tuberculose, le BCG, mis au point en 1924, et qui renferme un bacille virulent. Un quart des enfants meurt et plus de la moitié contracte la tuberculose.

Rein nécrosé par des antalgiques

1953

Antalgiques
Lors de la prise d'antalgiques tels que la phénacétine, une inflammation chronique du tissu conjonctif peut apparaître, entraînant de graves problèmes rénaux, de l'hypertension et de l'urémie.

1982

Amalgames
Les amalgames utilisés par les dentistes sont mis en cause. On les accuse de provoquer un empoisonnement chronique au mercure, des vertiges et des vomissements, voire des troubles nerveux. Aucun fait scientifique ne vient cependant étayer cette accusation. D'autres matériaux d'obturation – or, matières synthétiques – sont aujourd'hui utilisés.

Peter Krauss, de l'université de Tübingen, a mené une étude sur les amalgames, en 1996.

Bernstein, le génie américain

Le premier chef d'orchestre formé exclusivement aux États-Unis fait sortir le compositeur Gustav Mahler de l'oubli. Avec *West Side Story*, il crée en 1957 l'une des comédies musicales les plus jouées du xxe siècle.

À l'école, Leonard Bernstein fait déjà preuve de facultés exceptionnelles : bien que ses parents ne le voient jamais travailler, il est toujours parmi les meilleurs. Il chante à la chorale, devient soliste de l'orchestre de l'école, et s'illustre en tant que compositeur de chansons. En 1935, Bernstein s'inscrit comme étudiant en piano et en sciences musicales à l'université Harvard à Boston.

Leonard Bernstein

Par la suite, il fait la connaissance du chef d'orchestre grec Dimitri Mitropoulos et du compositeur américain Aaron Copland, qui prennent cet étudiant d'exception sous leur coupe. En 1940, Bernstein devient membre de la classe de chefs d'orchestre de Serge Koussevitzki au Berkshire Music Center de Tanglewood.

Les débuts de Bernstein ressemblent à un conte de fées : en 1943, il devient deuxième chef d'orchestre après Arthur Rodzinski au New York Philarmonic Orchestra, bien que certains musiciens le rejettent dans un premier temps à cause de son jeune âge, car il n'a que 25 ans. Le 14 novembre 1943, Bruno Walter, assistant en son temps de Gustav Mahler à Vienne, est pressenti comme chef d'orchestre du Carnegie Hall, mais doit cependant refuser pour raison de santé. Bernstein, qui apprend la nouvelle le matin même, se voit dans l'obligation de diriger au pied levé le *Don Quichotte* de Richard Strauss, et l'ouverture des *Maîtres chanteurs* de Richard Wagner, sans même avoir eu le temps de faire répéter l'orchestre. La direction du plus jeune chef ayant jamais mené le New York Philarmonic Orchestra au cours d'un concert public est un triomphe. Toutes les critiques sont dithyrambiques.

Du jour au lendemain, Bernstein est sollicité dans le monde entier et devient en 1945 le premier chef d'orchestre du New York City Symphony Orchestra. Il peut désormais faire découvrir sur les plus grandes scènes mondiales les compositeurs de son pays, en particulier Copland et Charles Ives. Par ailleurs, il a une véritable passion pour un compositeur dont la musique est à ses yeux le miroir de ses propres sentiments :

Représentation de *West Side Story* dans un théâtre de Broadway, à New York

Gustav Mahler, dont il reprend dans les années 60 les œuvres symphoniques magistrales.

Mais Bernstein est également un compositeur heureux. En 1957, il écrit *West Side Story*, l'une des comédies musicales les plus connues du monde entier grâce au film de Robert Wise et Jerome Robbins (1961), qui rassemble dans un fabuleux drame la musique populaire d'Amérique du Sud, la musique occidentale et le jazz symphonique dans un mélange de styles inimitable.

Il compose aussi dans d'autres genres : musique de chambre, ballet, musique vocale. Certaines pièces sont fortement inspirées par sa culture juive.

Il se consacre également à des projets pédagogiques, des concerts pour les jeunes, des ateliers de chefs d'orchestre et des académies d'orchestre. Sa façon non conventionnelle d'aborder la musique classique fait de lui un modèle pour la jeune génération des chefs d'orchestre.

Les grands compositeurs américains du xxe siècle

1888-1989
Irving Berlin
Né en Sibérie, Berlin arrive à New York à l'âge de 4 ans. À 14 ans, il est chanteur dans un bar, écrit des paroles de chansons et apprend seul à jouer du piano. Après le succès d'*Alexander's Ragtime Band* (1911), *Ziegfeld Follies of 1911* est son premier spectacle à Broadway. La comédie musicale *Annie get your Gun* (1946) et la musique du film *Musique, musique* (1942) avec le tube mondialement connu *White Christmas* obtiennent de francs succès. Il laisse au gouvernement américain les droits de la chanson *God bless America* (environ 10 millions de dollars en 1940) pendant la Seconde Guerre mondiale.

Irving Berlin

1898-1937
George Gershwin
Cet Américain de formation classique obtient son premier succès en 1924 avec *Rhapsody in blue*, puis *Un Américain à Paris* (1928). Il écrit une trentaine de comédies musicales, gagne en 1931 pour *Of thee I sing* le premier prix Pulitzer accordé à une comédie musicale, et compose, en dehors de musiques de films et de revues, des œuvres pour orchestre et pour piano. En 1935 sort son plus grand succès sur scène, l'opéra *Porgy and Bess*.

George Gershwin

1904-1988
Frederick Loewe
Né à Vienne, Loewe vivote aux États-Unis en tant que cow-boy et boxeur, avant de devenir pianiste. Avec l'écrivain Ala Jay Lerner, il produit en 1943 à Broadway *What's up*. Suivront *Brigadoon* (1947), *Paint your Waggon* (1951) et en 1956 le préféré du public, *My Fair Lady*. En 1958, Loewe et Lerner obtiennent un oscar pour le film *Gigi*.

Frederick Loewe

Né en 1948
Andrew Lloyd Webber
Quoiqu'Anglais, ce compositeur figure parmi les plus célèbres auteurs de comédie musicale, genre réservé, en général, aux musiciens américains. Avec *Jesus Christ Superstar* (1970), *Evita* (1978), *Starlight Express* (1984), *Le Fantôme de l'opéra* (1986) et *Sunset Boulevard* (1993), Lloyd Webber conquiert le monde entier.

Andrew Lloyd Webber et son épouse

Sexe et drogue, jazz et zen, la révolte de la *beat generation*

Jack Kerouac doit attendre six ans avant que son livre *Sur la route* soit publié. Sa parution, en 1957, rend son auteur célèbre du jour au lendemain, car il touche une jeunesse qui refuse la société bourgeoise.

Au milieu des années 40, Kerouac rencontre le repris de justice Neal Cassady avec qui il effectue quelques périples à travers les États-Unis. En 1951, il écrit en trois semaines la première version de son roman *Sur la route*, sur un rouleau de papier de 83 m de long. L'œuvre autobiographique évoque plusieurs voyages du narrateur, Sal Paradise, avec et sans son compagnon, Dean Moriarty. Pour ce travail, Jack Kerouac choisit la méthode de l'écriture spontanée, le *sketching* : il couche sur le papier tout ce qui lui vient spontanément à l'esprit sur une personne ou un événement. Il veut ainsi s'empêcher toute forme de censure.

Révolte et parodie vont de paire pour les membres de la *beat generation* : ils opposent aux choix de la société bourgeoise ceux des *beatniks*.

Le livre rencontre un succès immédiat, et Kerouac devient le chef de file de la *beat generation*, un groupe d'écrivains qui rejette radicalement toutes les valeurs de la société américaine. Par ailleurs, l'idéalisation romantique chez Jack Kerouac d'une vie sans but et sans attaches touche une partie de la jeunesse américaine, qui s'oppose au conformisme et à la petitesse de la vie de l'ère Eisenhower.

Le terme de *beat*, qui caractérise la *beat generation*, vient de Jack Kerouac. L'expression ambiguë comporte une composante ironique en dehors de son autodérision (*beat* signifie battu, épuisé) : elle évoque un mode de vie, une condition ; être *beat*, c'est être « au bout du rouleau », « foutu », et poursuivre pourtant son errance sur les routes ; c'est adopter les formes de vie excessive, telles que la consommation de drogues et une sexualité libérée. Elle se réfère également au rythme de vie et à la cadence du cool jazz d'un Miles Davis, musique préférée des *beatniks*.

Les origines du mouvement remontent à la fin des années 40 : à New York (Greenwich Village), à San Francisco (North Beach) et à Los Angeles (Venice), une bande d'artistes et d'écrivains, nés pour la plupart dans les années 20, mène une vie de bohème débridée. Au départ, on n'attend pas grand-chose de ce mouvement, mais tout change vers la seconde moitié des années 50, à partir du moment où la maison d'édition City Lights Books, fondée par un poète-éditeur, Lawrence Ferlinghetti, devient leur lieu de rencontre. Des écrivains comme William Burroughs, Gregory Corso, Allen Ginsberg et Jack Kerouac s'y retrouvent. Ils affichent une attitude anti-intellectuelle et placent l'expérience personnelle au centre de toute chose. Dans leurs œuvres se mêlent, en un élan mystique, les rythmes du jazz, les philosophies orientales (le bouddhisme zen en particulier) et l'expression de l'individualisme. Dans un style singulier, ils prêchent le non-conformisme. Leur recherche de nouveaux modes de vie donne naissance, dans les années 60, au mouvement beatnik qui se métamorphose, quelques années plus tard, en mouvement hippie.

Beatniks à Greenwich Village

Les principaux chefs de file de la *beat generation*

1914-1997

William Burroughs

Burroughs est le précurseur de la technique d'éclatement de la langue littéraire. Selon le principe du hasard, il assemble des morceaux de phrases et les combine de différentes façons. Il évoque en détail des scènes de drogue dans sa première œuvre, *Junkie*, parue en 1953. Six ans plus tard sort son œuvre la plus célèbre, *Le Festin nu*, dans laquelle la toxicomanie devient l'emblème de l'individu asservi par la société de consommation.

William Burroughs

Né en 1919

Lawrence Ferlinghetti

Dans son œuvre, Ferlinghetti s'oppose à l'*american way of life*. Son recueil de poèmes – *Un regard sur le monde, œil ouvert, cœur ouvert* – marqué par des formes d'expression expérimentales, le rend célèbre en 1958. Les récitations publiques de Ferlinghetti, dans lesquelles il joue avec des phrases familières et des rythmes empruntés au jazz, font partie des éléments importants de la culture *beatnik*.

City Lights Books, la librairie de l'éditeur Lawrence Ferlinghetti, à San Francisco

1922-1969

Jack Kerouac

Dans ses romans autobiographiques, Kerouac dépeint des hommes qui renient la société et voyagent sans but. Après le succès de *Sur la route*, tous les romans que Kerouac écrit dans les années 50 lui valent de sévères critiques. On lui reproche d'avoir travaillé à la hâte, afin de tirer profit de sa gloire. L'écrivain, qui a souvent recours à des drogues, commence à souffrir de troubles psychiques et sombre dans l'alcoolisme.

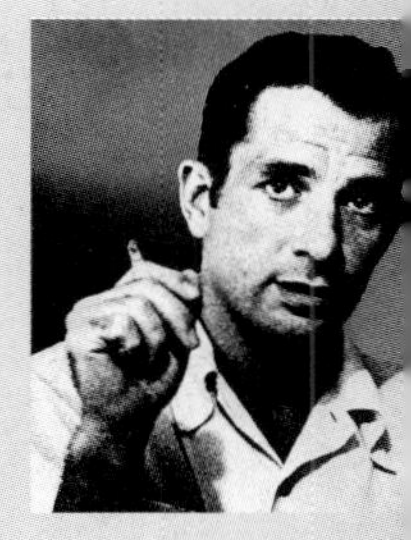

Jack Kerouac

1926-1997

Allen Ginsberg

En confessant son homosexualité et sa consommation de drogue, Allen Ginsberg devient un personnage culte de la jeunesse et un héraut de la *beat generation*. Son célèbre poème *Howl*, paru en 1956, est une critique acerbe de l'hypocrisie et du matérialisme de la société américaine. Dans les années 60, Ginsberg devient l'une des figures de proue du mouvement Flower Power.

Allen Ginsberg

De Gaulle arrive au pouvoir

L'impuissance de la IVe République à régler le problème algérien marque sa chute. Le 13 mai, à Alger, le gouvernement général est pris d'assaut par la foule. Le président Coty fait alors appel au général de Gaulle.

Bien avant les événements d'Algérie, la IVe République subit crise sur crise. La reconstruction, les guerres outremer créent des difficultés financières et morales inextricables. Les institutions donnant la prééminence au législatif sur l'exécutif contribuent à l'impuissance du régime.

Le président Coty accueille le général de Gaulle sur les marches de l'Élysée.

En Algérie, les Européens de souche, au nombre de plus d'un million et demi, se refusent à toute évolution. Les musulmans, citoyens de seconde zone en rébellion larvée depuis 1945, passent à l'action armée le 1er novembre 1954. En 1956, le contingent est appelé à rejoindre l'armée de métier et la gendarmerie, pour quadriller les trois départements français d'Afrique du Nord.

Dorénavant, il y aura en permanence 500 000 hommes en Algérie. Certains Européens, aux idées avancées, prêts à reconnaître des droits aux musulmans, s'opposent à ceux, dits ultras, qui craignent une évolution conduisant à une séparation d'avec la métropole. L'armée poursuit une action pacificatrice en même temps que des opérations de ratissage et de répression dans les djebels. Les frontières tunisiennes et marocaines sont fermées par des barrages électriques. En mai 1958, le président du Conseil, Félix Gaillard, est mis en minorité sur la question algérienne. Pierre Pfimlin, appelé à former un gouvernement, annonce une politique plus libérale en Algérie. Les activistes proches du mouvement gaulliste tentent de rallier le haut-commissaire Robert Lacoste à leur cause. La manifestation du 13 mai à Alger coïncide avec l'investiture de Pfimlin qui ne pourra jamais constituer un gouvernement. Le président Coty fait appel au général de Gaulle le 2 juin. Le 4, à Alger, ce dernier lance aux Français d'Algérie son fameux « Je vous ai compris ». Tous les espoirs d'une réconciliation sont réunis. Le 28 septembre, le président du Conseil propose un référendum sur une nouvelle Constitution. Le oui l'emporte à 80 %. La Ve République est née. De Gaulle en est le premier président, le 21 décembre 1958.

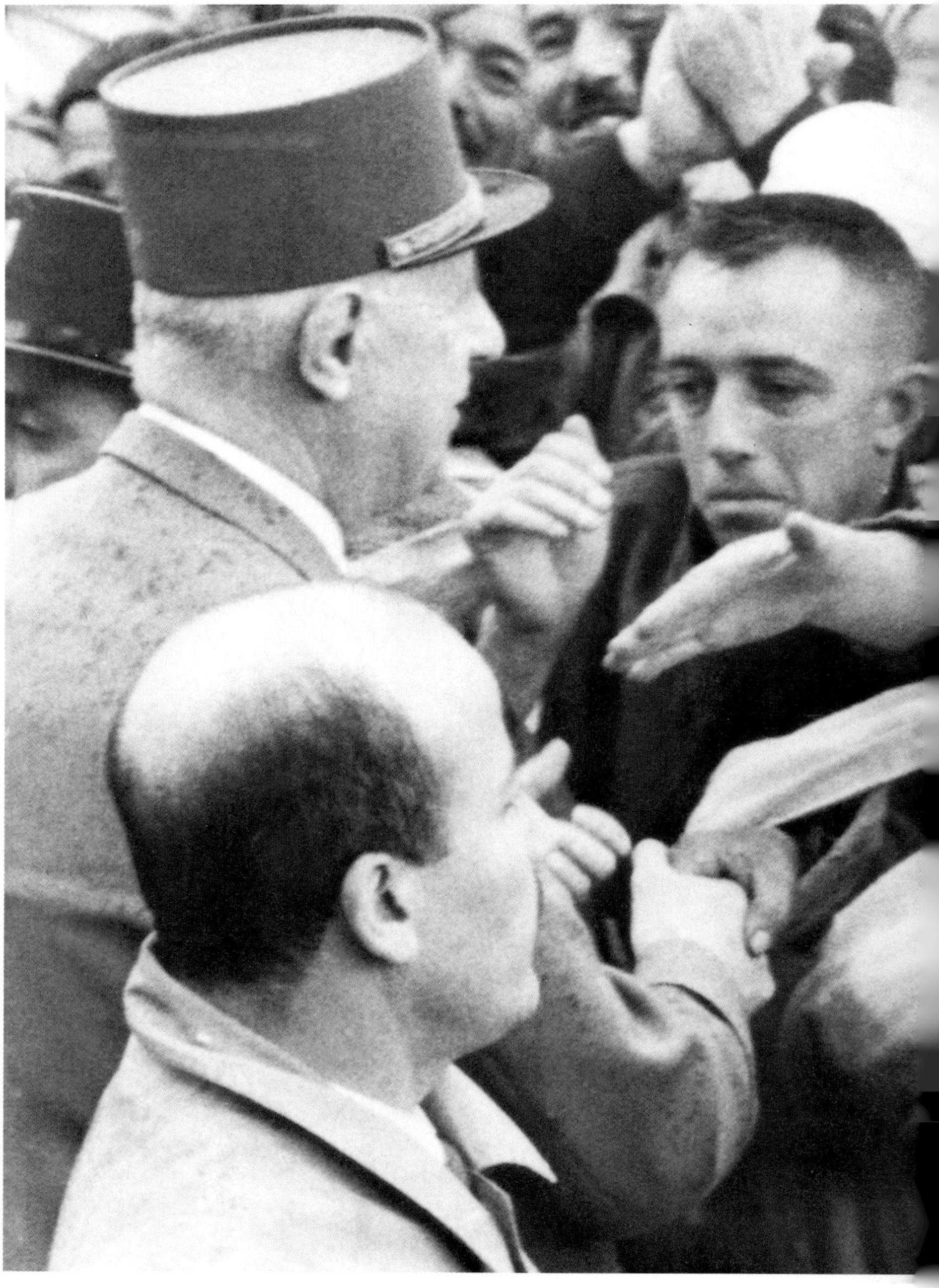

Charles de Gaulle serre des mains au milieu de la foule à Alger. Son arrivée fait naître un immense espoir tant chez les Européens que chez les musulmans.

Régler le problème algérien, rétablir les finances du pays sont ses deux tâches majeures. Après avoir tenté de rallier les Européens de souche à une voie plus libérale et appelé les rebelles musulmans à une paix des braves, de Gaulle ouvre le 16 septembre 1959 la perspective d'une Algérie algérienne, cependant que l'armée continue de remporter des victoires sur le terrain. Les ambiguïtés de la politique du Général vont conduire une poignée de généraux à se rebeller en avril 1961. Ce putsch est un échec, le contingent ne suivant pas. Il faut encore un an avant que soient signés les accords d'Évian qui consacrent l'indépendance de l'Algérie, accords qui n'éviteront pas le massacre, dès juillet 1962, des Algériens qui avaient collaboré avec la France ou choisi une voie contraire à celle du parti algérien unique, le FLN.

La quasi-totalité des Européens de souche quitte l'Algérie au cours de l'été 1962, mettant ainsi fin à cent trente années de présence française.

Les grandes dates de la guerre d'Algérie

1er novembre 1954

La Toussaint rouge

Le massacre de colons et de leurs familles près de Constantine marque le début de l'insurrection. Le Front de libération nationale (FLN) et l'Armée de libération nationale (ALN) sont créés. Ahmed Ben Bella est rappelé d'Égypte où il se trouvait en exil.

Soldats français encadrant des prisonniers du FLN

1957

La Bataille d'Alger

L'armée française écrase le FLN dans la banlieue d'Alger. 500 000 appelés du contingent quadrillent le pays. Les membres dirigeants du Front de libération, dont Ben Bella, sont arrêtés et emprisonnés.

Ahmed Ben Bella

13 mai 1958

Manifestations à Alger

L'occupation par la foule du haut-commissariat à Alger provoque des troubles en France et précipite le retour de Charles de Gaulle au pouvoir. À partir de septembre 1959, il préconise une paix négociée.

19 septembre 1958

Gouvernement algérien en exil

Un gouvernement en exil, le GPRA, se constitue en Égypte. Le président en est Ferhat Abbas, rallié au FLN en 1956.

Manifestation à Alger

24 janvier 1960

Barricades à Alger

L'insurrection menée par Pierre Lagaillarde cause une vingtaine de morts et 150 blessés. Les derniers insurgés se rendent le 2 février. De Gaulle propose l'association de « l'Algérie algérienne à la France ». En avril 1961, les généraux Challe, Salan, Jouhaud et Zeller tentent un putsch qui est écrasé. L'OAS, un mouvement clandestin de colons et de militaires d'extrême droite, organise de nombreux attentats en France comme en Algérie.

18 mars 1962

L'armistice

Les accords d'Évian marquent la fin de la guerre d'Algérie. L'indépendance est proclamée le 3 juillet 1962 et, en septembre, l'Algérie devient une République dont Ahmed Ben Bella est le premier Premier ministre. Il en est élu président en 1963.

Ahmed Ben Bella à la tribune de l'Assemblée algérienne

L'Exposition universelle de Bruxelles, un appel à la paix et au progrès

1958

On voit généralement, dans la première Exposition universelle de l'après-guerre, une manifestation de renouveau à la suite des années terribles. Mais on peut affirmer que l'Exposition de 1958 montre bien le caractère ambivalent de la foi dans le progrès.

L'Exposition universelle qui se déroule dans la capitale belge sur le thème de la « recherche d'un monde plus humain », marque un tournant dans l'histoire de cette institution. Moins spectaculaire que les précédentes, avec une note plus éthique et socioculturelle, elle est placée sous le signe de la coexistence pacifique des cultures et des idéologies. Le fait que l'atome ait été retenu comme le symbole de l'utilisation pacifique de l'énergie atomique, devant durer au-delà de cette exposition universelle, peut aujourd'hui poser des problèmes. Toutefois le bâtiment – l'Atomium –, d'une hauteur de 100 m, est le parfait symbole de l'essor de la science et de la technique des premières décennies de l'après-guerre.

L'Atomium, symbole de l'Exposition universelle de Bruxelles, en 1958

Depuis l'origine, les Expositions universelles ont été des manifestes de la foi sans faille dans le progrès. Déjà à Londres, en 1851, l'Angleterre victorienne et libre-échangiste célèbre les travaux de l'industrie de toutes les nations. L'expression concrète du début d'une nouvelle ère qui veut se libérer des liens de la société grâce aux machines en est le palais de cristal (Crystal Palace) de Joseph Paxton, construit en éléments préfabriqués réutilisables.

À Paris en 1855 – les Expositions universelles se suivent alors à peu d'années d'intervalle – s'ajoutent deux aspects nouveaux qui, pour la suite de cette institution, vont s'imposer jusqu'à nos jours : l'intégration des arts et de la culture propres à chaque pays. Entre autres, citons la galerie des Machines et la tour Eiffel (Paris, 1889) qui incarnent le mythe de la toute-puissance de la technique.

Une Exposition universelle devient de plus en plus le lieu où chaque pays se montre sous son meilleur jour. Des constructions jouxtant des bâtiments célèbres répondent au besoin d'exotisme (architecture coloniale, gondoles vénitiennes à Chicago en 1893). En 1900, Paris réserve à ses visiteurs la surprise d'un Palais du nougat à la crème fouettée. Ce n'est plus la soif du savoir, mais les variétés et le divertissement qui priment.

Vue des pavillons internationaux à l'Exposition universelle de Bruxelles

Au cours des Expositions universelles de Bruxelles en 1910 et de Genève en 1913, l'Union allemande du travail présente une nouvelle architecture militante qui rompt avec l'histoire. À Paris, en 1937, on assiste à une récupération politique : la comparaison des pavillons allemand et soviétique est l'exemple de la transformation de ce qui était hier la concurrence nationale en une rivalité d'idéologies.

Il faut attendre l'Exposition de Bruxelles de 1958 pour que l'on en revienne à une confrontation culturelle. Les années suivantes, en particulier à Montréal en 1967, ce sont les nouveaux matériaux et les nouvelles lignes architecturales qui prédominent. Au Japon, à Osaka, en 1970, on s'éloigne de la technique, et ce qui prévaut alors, ce sont les symboles et les formes.

Vingt ans plus tard, Séville fête, avec le cinquième centenaire de la découverte de l'Amérique, l'échange entre l'Ancien et le Nouveau Monde, même si trop peu de place est laissée aux pays latino-américains.

Les grands pavillons des Expositions universelles

1929

Barcelone
Le pavillon de Mies van der Rohe devient un repère de l'histoire de l'architecture. L'édifice composé seulement de deux éléments fondamentaux – colonnes et dalle – est orné de matériaux nobles. Des colonnes croisées portent les plafonds. Les murs n'ont plus aucune fonction de support.

Exposition universelle de Barcelone, en 1929

1937

Paris
En raison de la guerre civile, le pavillon de l'Espagne est conçu avec précipitation et économie. Malgré tout, le pavillon de José Maria Sert et Luis Lacasa reste célèbre par sa décoration intérieure : Pablo Picasso y esquisse *Guernica* et la fresque de Juan Miró, *Le Moissonneur*, est le symbole de la révolution comme de la résistance des Espagnols.

Exposition universelle de Paris, en 1937

1967

Montréal
L'attraction est le pavillon des États-Unis dû à Richard Buckminster Fuller, une immense sphère de 76,2 m de diamètre, composée d'un treillis de tubes d'acier recouvert de Mylar. À l'intérieur de la sphère, on peut admirer les réalisations américaines.

1970

Osaka
Le pavillon japonais, dû à Kenzo Tange, comporte six supports de 30 m de haut portant le toit formé de coussins d'air transparents. La construction géante (292 m x 108 m) réunit des éléments aussi variés que des espaces d'habitation, des salles de fêtes et un « domaine symbolique » présentant les attributs éternels du Japon. Lumières et sons commandés par ordinateur produisent une atmosphère adaptée à la circonstance.

Exposition universelle d'Osaka, en 1970

1992

Séville
Le pavillon japonais en bois de Tadao Ando, disciple de Kenzo Tange, brille par sa simplicité. Structures contemporaines et tubes d'acier rappellent les formes de construction asiatiques traditionnelles.

Pavillon japonais de Tadao Ando à Séville, en 1992

Jean XXIII, un pape réformateur, fait des catholiques des citoyens du monde

1958

Le 28 octobre 1958, le patriarche de Venise Angelo Roncalli devient le 259e pape. Soucieux de réformer l'Église catholique, il en annonce l'« aggiornamento » afin de la mettre à jour face aux réalités et aux problèmes du monde moderne.

Vu l'âge avancé de Jean XXIII lors de son élection, il est considéré, au début de son pontificat, comme un « pape de transition ». Le processus de renouveau qu'il introduit dans l'Église confère à cette expression une signification particulière, comme l'écrit le théologien Karl Rahner : « Ce pape de transition fit transiter l'Église dans le futur. » Son pontificat, de 1958 à 1963, est l'un des plus courts de tout le XXe siècle. Le pape ne voit pas la fin du concile de Vatican II qu'il convoque ; c'est son successeur, Paul VI, qui le mènera à son terme.

Le pape Jean XXIII peu après son élection

Le pape Jean est l'opposé de son prédécesseur Pie XII, qui a dirigé l'Église en souverain absolu et sous lequel se développe à Rome un nouveau byzantinisme. Jean XXIII aime la simplicité toute franciscaine et refuse les fastes d'une cour baroque pour laquelle il n'a aucun penchant. Il refuse le culte de la personnalité et se plaît à aborder les gens de façon directe. Alors que, par exemple, les jardiniers du Vatican ont reçu la consigne de s'écarter de Pie XII lors de ses promenades, le pape Jean souhaite, quant à lui, s'entretenir avec eux comme avec tous les gens simples.

Ce fils de paysan, né à Sotto il Monte près de Bergame, est, dès son jeune âge, orienté vers la carrière ecclésiastique et demeure toute sa vie fondamentalement attaché à la tradition. Durant ses études à l'université du Latran, il rédige un ouvrage remarqué sur César Boronius, contemporain de saint Charles Borromée et il en reprend la devise « *Pax et oboedientia* », paix et obéissance.

Son désir de rapprocher l'Église du monde, après des siècles de séparation volontaire, s'est approfondi au cours de ses séjours en Bulgarie, en Turquie et finalement en France où il fut nonce apostolique en 1944. Ses prédécesseurs ont amorcé déjà beaucoup de ses réformes. En convoquant le concile Vatican II pour le 11 octobre 1962, il met en pratique toutes ces tendances.

Au cœur du concile sont traitées des questions de dogme et de morale, ainsi que les rapports avec les autres confessions. Pour cela, le pape Jean ne se contente pas d'encourager les voix critiques dans les rangs mêmes de l'Église, mais

Une fumée blanche s'élevant du Vatican signale qu'un nouveau pape est élu.

il invite des novateurs comme frère Roger de Taizé, ainsi que des délégués des autres Églises. Jean XXIII veut faire des catholiques des citoyens du monde entier. L'Église doit passer du statut d'une organisation centralisée à celui d'une *communio*, une communauté d'Églises particulières.

Le pape pose des actes à long terme. Il nomme 55 cardinaux, entre autres le premier Philippin et le premier Africain noir. L'internationalisation et l'extension du collège des cardinaux s'avèrent décisives dans le succès du concile, car les cardinaux conservateurs de la Curie deviennent minoritaires. Même ceux qui, au début, à Rome, critiquent son œuvre, la considèrent maintenant comme historique.

Quelques grands réformateurs chrétiens

1904-1984

Karl Rahner

Jésuite autrichien, il se heurte à l'opposition de théologiens catholiques, car il prône dans son enseignement le primat de la conscience individuelle. Karl Rahner, qui participe à la préparation du concile Vatican II, contribue à pousser l'Église à repenser les grands problèmes d'actualité.

Karl Rahner

Né en 1915

Frère Roger

Le pasteur suisse se réfugie dans le village de Taizé en Bourgogne, au temps de la persécution nazie et fonde une communauté religieuse dont les membres font vœu de célibat et d'obéissance. La réconciliation entre les nations, les confessions et les classes sociales est au cœur de sa vocation. Regroupant des membres de l'Église catholique romaine, des protestants et des orthodoxes, l'exemple œcuménique de Taizé touche la jeunesse du monde entier.

Frère Roger

Né en 1925

Fernando Cardenal

Écrivain, prêtre et homme politique du Nicaragua, Cardenal devient membre du mouvement de libération sandiniste en 1977, puis ministre de la Culture de 1979 à 1990. Exclu de la Compagnie de Jésus en 1984 et suspendu *a divinis* en 1985, il reste fidèle à son image de prêtre engagé et de poète défendant les pauvres et les déshérités.

Fernando Cardenal

Né en 1928

Hans Küng

Ce théologien suisse est nommé par Jean XXIII expert au concile. Les sujets principaux de Küng sont le dialogue œcuménique et le renouveau de l'Église. Il prend aussi la défense de la théologie de la libération qui se développe dans les années 60 en Amérique latine. En 1979, il est privé par Rome du droit d'enseigner la théologie parce qu'il refuse de soumettre ses ouvrages à la censure préalable ; il met en cause le célibat ecclésiastique et adopte une position critique sur l'infaillibilité pontificale.

Hans Küng

La vie littéraire en France

Les années 50 marquent un tournant dans l'histoire de la littérature française du XXe siècle. La guerre se termine à peine. Elle a bouleversé le climat poétique et romanesque. On ne peut citer tous les talents qui se succèdent.

Parmi les anciens qui occupent encore la scène, Louis-Ferdinand Céline, qui s'est fait connaître avec *Voyage au bout de la nuit* (1932), publie en 1957 *D'un château l'autre*, et *Nord* (1960). C'est l'écrivain de la hargne et de la dérision.

Boris Vian : musicien, romancier, poète et... ingénieur

Avec Jean-Paul Sartre, connu depuis 1938 pour *La Nausée*, l'existentialisme triomphe et la période marxiste commence. C'est « le climat de nos idées », dit-il. Sartre pense qu'il n'y aura ni art, ni culture avant que ne soient abolies les classes sociales. Il s'engage autant dans ses romans qu'au théâtre avec *Les Mains sales*, *Le Diable et le Bon Dieu*, *Les Mots* dans un style d'une redoutable intelligence. Il est un phare pour sa génération.

Albert Camus, qui s'est fait connaître avec *L'Étranger* et *La Peste* (1947), journaliste natif d'Algérie, est engagé, mais prend ses distances avec le marxisme. *L'Homme révolté*, essai philosophique, est l'occasion d'une brouille avec Sartre. *Noces*, *L'Été*, *L'Exil et le Royaume* sont autant de témoignages d'une sensibilité méditerranéenne. Prix Nobel de littérature quelques mois avant sa mort en 1960, il ne peut pas donner toute la mesure de son génie révélé tant dans ses essais et ses romans qu'au théâtre avec *Caligula*, *Le Malentendu*, *L'État de siège*, *Les Justes*.

Désormais, le roman de mœurs, de François Mauriac à Roger Martin du Gard, n'est plus à la mode. Certes, Julien Green publie encore, en 1950, *Moïra* – récit à l'allure d'un premier roman – mais, comme Jean Giono, chantre des Alpes de Provence, il appartient à l'ancienne génération.

Julien Gracq, inclassable, d'un style somptueux, s'empare du rêve avec son *Rivage des Syrtes* qui obtient le prix Goncourt en 1951, refusé par l'auteur. C'est l'écrivain des mythes, de l'imaginaire, du songe. Il occupe une place à part parmi les auteurs de la période. La littérature romanesque se trouve en pleine mutation.

Julien Gracq à la sortie du restaurant Drouant, juste après l'annonce des résultats du prix Goncourt, en 1951

Apparaissent alors, nés de la Libération, Boris Vian avec *L'Écume des jours*, *L'Automne à Pékin* (1947), *L'Herbe rouge* (1950) et *L'Arrache-Cœur* (1953) ; Raymond Queneau avec *Zazie dans le métro* (1959), Michel Leiris avec *Biffures* (1948), *Fourbis* (1955). Boris Vian, célèbre pour ses chansons autant que pour ses romans, représente pour toute une génération la liberté et la poésie.

Jean Genet donne au roman et au théâtre son expression de révolte avec *Le Balcon* (1950), *Les Nègres* (1959), *Les Paravents* (après 1960). Samuel Beckett, quant à lui, éclaire l'angoisse de l'époque dans ses récits, *Molloy* (1951), *L'Innommable* (1953), et surtout dans son théâtre, *En attendant Godot* (1952) et *Oh les beaux jours* (1963). Son style est dépouillé. Il développe une philosophie de l'attente, parfois de l'espoir. Françoise Sagan, avec *Bonjour Tristesse* (1954) et *Un certain sourire* (1956), brosse un portrait désinvolte d'une société désabusée.

Des romans des années 50

1950
***L'Inconnu du Nord-Express*, de Patricia Highsmith**
Un jeune architecte se trouve dans un train en direction de Metcalf où sa femme l'attend pour divorcer. Il fait la connaissance d'un fils à papa qui lui propose d'accomplir un double crime parfait.

1950
***Le Hussard bleu*, de Roger Nimier**
Chronique pessimiste de la vie d'un régiment de hussard stationné en Allemagne en 1945 et de l'éducation sentimentale du jeune François Sanders.

1951
***Les Mémoires d'Hadrien*, de Marguerite Yourcenar**
C'est le récit de la vie d'un homme, l'empereur romain Hadrien, qui a atteint l'âge de la sagesse, à la fois testament politique et livre de moraliste.

Marguerite Yourcenar

1952
***Le Vieil Homme et la mer*, d'Ernest Hemingway**
Un vieux pêcheur cubain se bat contre un énorme poisson et finit par en triompher. Ce livre exalte le courage de l'homme à l'approche de la mort. Elle a valu à son auteur le prix Pulitzer en 1952 et le prix Nobel en 1954, ainsi qu'une renommée universelle.

1957
***La Gloire de mon père*, de Marcel Pagnol**
Ce sont les souvenirs d'enfance de Pagnol, petit garçon élevé dans le midi de la France par un père instituteur qui lui transmet l'amour du savoir et de la nature. Suivent *Le Château de ma mère*, *Le Temps des secrets* et *Le Temps des amours*.

Marcel Pagnol

1958
***Les Mémoires d'une jeune fille rangée*, de Simone de Beauvoir**
Dans ce best-seller, l'auteur raconte son enfance et son adolescence heureuses au sein d'une famille bourgeoise et rigoriste, à une époque où les jeunes filles ne vivaient guère pour et par elles-mêmes. Le développement précoce de l'intelligence et de la sensibilité, ainsi que le rôle formateur d'études philosophiques ont forgé le destin de cette femme d'exception.

Simone de Beauvoir

Après des années de guérilla, Fidel Castro prend le pouvoir à Cuba

1959

Le 2 janvier 1959, les troupes révolutionnaires de Fidel Castro entrent dans La Havane, la capitale de Cuba. La veille, le dictateur Fulgencio Batista se réfugie en République dominicaine. Pour Cuba, une nouvelle ère commence.

En 1956, l'avocat Fidel Castro, avec 81 de ses partisans, parmi lesquels Che Guevara, débarque au sud-est de Cuba. Au début, les rebelles n'ont aucune chance contre l'armée du dictateur et doivent se retrancher dans les montagnes. C'est là qu'ils mettent sur pied une armée très efficace, qui se lance dans une guérilla impitoyable. L'opposition politique forme une alliance contre Batista et reconnaît son chef en la personne du révolutionnaire Castro.

Fidel Castro, l'initiateur de la révolution cubaine

Quelques semaines plus tard, Castro est nommé Premier ministre. L'augmentation des salaires des travailleurs, la baisse des loyers et une réforme agraire ne tardent pas à lui aliéner les classes moyenne et supérieure. Très vite, Castro prend du champ par rapport à son objectif initial qui était de remplacer le régime absolu par des institutions libérales dans un État de droit. Il transforme le régime en dictature de type socialiste. Plus de deux millions de Cubains prennent alors la route de l'exil.

En réponse à la nationalisation des raffineries de pétrole et d'entreprises privées américaines, les États-Unis décident un boycott économique de l'île en 1960. Moscou et La Havane signent alors un accord commercial qui a pour effet de rompre officiellement les relations diplomatiques entre Cuba et les États-Unis. La guerre froide frappe l'État des Caraïbes. Un an plus tard, l'escalade menace de précipiter le monde dans une guerre atomique. Cuba autorise l'URSS à installer sur l'île des fusées à moyenne portée. Ceci représente pour les États-Unis une menace inacceptable : dans un ultimatum, ils exigent le retrait des armes. L'URSS finit par céder.

Castro continue d'entretenir des relations privilégiées avec l'URSS. Une économie planifiée de type soviétique voit le jour. En 1972, Cuba adhère au Conseil de l'alliance commerciale de l'Est en vue d'une aide économique réciproque. En politique intérieure, Castro impose à son pays des structures s'inspirant du modèle soviétique. La Constitution de 1976 donne au parti communiste le rôle dominant.

Fidel Castro, un cigare cubain à la main, avec un groupe de révolutionnaires

En dépit de l'instauration d'un régime dictatorial qui jette en prison un grand nombre d'opposants, la majorité de la population tire profit d'une révolution qui entraîne un progrès social mais aucune véritable évolution démocratique. L'État garantit un salaire modeste en assurant un logement bon marché et un régime de pension aux personnes âgées. Castro élabore un régime de santé et d'éducation exemplaire.

Après l'effondrement du communisme en 1989, les conditions du marché mondial s'imposent aussi à Cuba. L'économie du pays plonge alors dans une crise grave ; les conditions de vie se détériorent. Castro s'en tient pourtant à son orientation socialiste, mais vu les difficultés de la situation économique, il autorise en 1993 la circulation de dollars américains et de devises étrangères.

Les grandes dates de l'histoire de Cuba

1903

Guantanamo, base aéronavale
La guerre hispano-américaine de 1898 donne à Cuba son indépendance. La Constitution de 1902 en fait un protectorat américain. Par un traité signé en 1903 et renouvelé en 1934, Cuba autorise les États-Unis, pour une durée illimitée et contre une rente annuelle de 2 000 dollars-or que Cuba ne touche pas, à installer une base aéronavale sur son territoire. La marine américaine construit alors la base de Guantanamo.

Marines américains à Guantanamo

1940

Batista président
Fulgencio Batista est élu président. Depuis 1933, il est général en chef et l'homme fort de l'île. Chassé du pouvoir en 1944, il organise un putsch en 1952 et reprend la charge suprême. Il obtient le soutien des États-Unis.

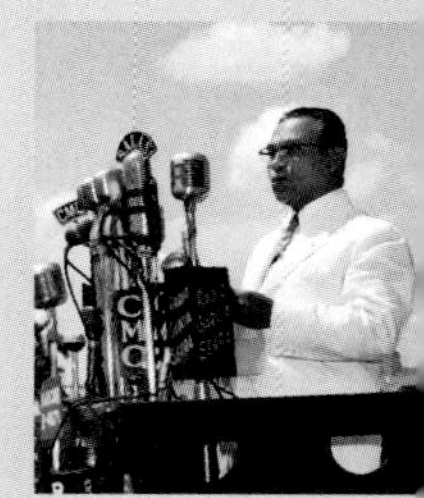

Fulgencio Batista

1953

Première tentative de putsch de Castro
Sous le commandement de Castro, un soulèvement de rebelles échoue. Les forces gouvernementales repoussent l'attaque de la caserne de Moncada à Santiago de Cuba. Castro est emprisonné, puis rapidement gracié. Les rebelles préparent au Mexique une nouvelle tentative de renversement du pouvoir. Trois ans plus tard, Castro revient avec quelques partisans et lance la guérilla.

Fidel Castro (à gauche) et Che Guevara

1961

Invasion de la baie des Cochons
Une invasion de Cubains en exil, soutenue par les services secrets américains, échoue au bout de trois jours. Pour les États-Unis, qui considèrent l'espace des Caraïbes comme leur sphère d'intérêt et qui craignent une extension de la révolution cubaine à d'autres États latino-américains, l'issue de cette opération constitue un revers diplomatique considérable.

Des unités américaines se retirent après la crise de Cuba, en 1962.

1994

Fuite en Floride
En raison de la situation économique catastrophique se produisent des troubles d'une extrême gravité. Des milliers de Cubains tentent d'atteindre la Floride sur des embarcations de fortune.

Eisenhower reçoit Khrouchtchev

Nikita Khrouchtchev est le premier chef du Kremlin à se rendre aux États-Unis. L'opinion publique internationale associe cette visite rendue au président Eisenhower à l'espoir d'une détente entre les deux blocs.

Le 15 septembre 1959, le chef du gouvernement soviétique se rend aux États-Unis pour une visite de treize jours. Il est accompagné de sa femme Nina Petrovna qui, par ses manières simples et naturelles, conquiert de nombreuses sympathies tant auprès de la presse américaine que dans la population du pays.

Nikita Khrouchtchev (avec un chapeau de cow-boy) admire le maïs de l'Iowa.

L'objectif de la visite est de promouvoir la compréhension entre les deux hommes les plus puissants du monde et d'éliminer les tensions entre leurs pays respectifs.

Le vice-président Richard Nixon a préparé ce voyage en se rendant à Moscou quelques semaines auparavant. Le lendemain de son départ, Khrouchtchev accepte l'invitation du président Eisenhower.

Après deux journées passées à Washington, le chef du gouvernement soviétique entreprend un voyage à travers les États-Unis. À New York, le 8 septembre, il prend la parole devant l'ONU. Il soumet un projet de désarmement qui prévoit la suppression de toutes les armes atomiques dans les quatre années à venir. En outre, il propose un traité de paix aux puissances alliées avec les deux Allemagnes, ce qui est, pour lui, la solution clé de la question allemande. Les experts militaires accueillent ces perspectives avec un certain scepticisme car, selon eux, tout désarmement ne vaut que s'il existe la possibilité d'en assurer le contrôle.

Khrouchtchev qui, comme simple membre du parti, a gravi tous les échelons pour atteindre le sommet de l'État, se présente durant son voyage comme un homme politique à découvrir. Le chef du Kremlin cherche constamment le contact direct avec les gens et il se comporte comme un convive jovial et un homme du peuple. Il réagit avec susceptibilité quand il a l'impression de ne pas être traité avec les égards dus à son rang. Plusieurs fois il menace d'interrompre sa visite. Il a de vives réactions quand les discours deviennent, selon lui, trop critiques envers l'URSS, alors qu'il ne cesse

À l'arrivée de Khrouchtchev aux États-Unis, le président Eisenhower prononce un discours de bienvenue.

d'inviter ses interlocuteurs à parler clair et sans détour. Il insulte les syndicalistes américains en les traitant « d'agents du capitalisme ». En revanche, en fils de paysans, il se montre expert lors de la visite d'une exploitation agricole dans l'Iowa.

Les observateurs remarquent chez le chef du Kremlin le souci de créer une atmosphère détendue, signe de sa volonté de promouvoir une politique d'ouverture. Tout en maintenant les antagonismes idéologiques, Khrouchtchev, dès 1956, au cours du XXe congrès du parti communiste de l'URSS, défend le principe d'une coexistence pacifique avec des régimes politiques différents. C'est bien cette politique qui le conduit sur la voie de la détente avec les États-Unis.

Le voyage s'achève par trois journées à Camp David où sont signés plusieurs accords. Mais, bien que les entretiens se soient déroulés dans une atmosphère détendue, ils n'apportent pas, dans l'immédiat, de résultats spectaculaires.

Rencontres au sommet entre Américains et Soviétiques

3 juin 1961

Sommet à deux à Vienne

Au cours d'un sommet à deux, le chef du gouvernement soviétique Nikita Khrouchtchev et le président américain John Kennedy se rencontrent à Vienne. Ils parlent aussi bien de la question de Berlin que des problèmes des essais nucléaires et du désarmement. Khrouchtchev maintient sa proposition de faire de Berlin-Ouest une zone démilitarisée. Le chef soviétique menace de signer un traité de paix séparé avec la RDA.

Kennedy (à gauche) et Khrouchtchev à Vienne, en 1961

22 mai 1972

Premier président américain à Moscou

La visite de Richard Nixon rendue à Leonid Brejnev, secrétaire général du parti communiste soviétique, est un succès durable de la politique de détente entre l'Ouest et l'Est. En 1973, Brejnev rend la visite de Nixon en allant aux États-Unis pour un séjour d'une semaine.

Nixon (à droite) et Brejnev à Moscou, en 1972

18 juin 1979

Signature des accords SALT II

Après sept ans de négociations, Brejnev et le président américain Jimmy Carter signent à Vienne le traité sur la limitation des missiles stratégiques.

Brejnev (à gauche) et Carter à Vienne, en 1979

19 novembre 1985

Discussion sur le système de défense mondial

Mikhaïl Gorbatchev et Ronald Reagan procèdent à un échange de vue sur la réduction des armements stratégiques et la suppression des armes atomiques. En 1986, à Reykjavík (Islande), a lieu une nouvelle rencontre entre les deux hommes d'État sans résultat sensible.

2 décembre 1989

Sommet européen en mer

Mikhaïl Gorbatchev et George Bush se rencontrent sur le vaisseau soviétique *Maxime Gorki*, au large de Malte. Le président américain offre à son interlocuteur des aides économiques importantes. Après d'autres rencontres au sommet en 1990, les deux chefs d'État signent le traité START sur la réduction des armes atomiques de portée supérieure à 5 500 km.

Mikhaïl Gorbatchev

Guggenheim, un musée en spirale

L'achèvement du musée Guggenheim à New York, construit par l'architecte américain Frank Lloyd Wright, offre au public une nouvelle utilisation de l'espace. Les œuvres y sont présentées comme sur un chevalet, à la lumière du jour.

Le concept inhabituel du musée créé pour exposer les collections de l'homme d'affaires et mécène Solomon Guggenheim, est en rupture avec les traditions : les salles d'expositions ne sont pas formées de longues galeries, de petits cabinets ou de larges salles, mais d'une rampe en spirale de 400 m de long, placée par Wright contre le mur d'un bâtiment conique.

Frank Lloyd Wright

Les œuvres d'art sont exposées le long de ce « chemin de ronde », éclairées par la lumière naturelle qui tombe de la verrière coiffant l'ensemble. Les visiteurs n'ont donc qu'à suivre la voie qui leur est offerte sans risque de manquer telle ou telle œuvre.

La construction, prévue dès 1943, est exécutée entre 1956 et 1959. Elle est considérée, par sa qualité artistique et sa modernité, comme l'œuvre maîtresse de Wright.

Parmi les travaux de l'architecte américain, le musée Guggenheim fait toutefois figure d'exception : Wright s'est surtout illustré, au cours de sa carrière qui aura duré près de soixante-dix ans, par la conception de bureaux et d'immeubles d'habitation. Sa spécialité est la construction de maisons qu'il sait merveilleusement intégrer au paysage rural ou urbain.

Né en 1867 à Richland Center, dans le Wisconsin, Frank Lloyd Wright étudie à l'université du Wisconsin et entre, en 1888, dans le cabinet de Dankmar Adler et de Louis Sullivan à Chicago, où il se familiarise avec les dernières techniques de construction et les concepts esthétiques les plus modernes. En 1896, il ouvre son propre cabinet. Durant les années qui suivent, il s'intéresse aux « maisons de la prairie », dont l'évolution et la forme deviennent les principaux objets de sa création artistique et de ses nombreux écrits théoriques. Il s'agit de constructions basses et étendues dont les pièces, les terrasses et les jardins se suivent et se confondent. Wright montre un souci aigu du rapport à l'environnement, de la fluidité et de la diversité des espaces. La principale

Vue du musée Guggenheim à New York, prise du hall d'entrée. On accède au sommet de l'édifice par un ascenseur et on redescend par une galerie en spirale le long de laquelle sont accrochées les œuvres, éclairées par la lumière du jour.

œuvre de cette première époque est la Robie House à Chicago (1908-1909), dans laquelle il expérimente un nouveau type d'espace fondé sur l'interpénétration totale de l'intérieur du bâtiment et de l'extérieur. Cet idéal architectural est celui des années 30. Au tout début du siècle, les bureaux du groupe Larkin à Buffalo (1904) et l'église unitarienne à Oakpark (1906) ouvrent leurs portes ; les deux constructions possèdent une large pièce intérieure, entourée de galeries.

L'intérêt du travail de Frank Lloyd Wright ne réside pas tant dans ses innovations que dans ses représentations visionnaires de l'architecture et de la société, tel qu'en témoignent ses écrits et des projets concernant des constructions urbaines. En dehors du musée Guggenheim, l'œuvre marquante de ses dernières années est la maison à la cascade, à Bear Run, en Pennsylvanie (1936-1937), une construction en béton totalement intégrée à son milieu naturel.

Grands musées du monde

1965-1968

Nationalgalerie à Berlin

La Galerie nationale de Berlin, construite par Ludwig Mies van der Rohe, est une transposition idéalisée du temple classique qui doit ici répondre aux exigences d'un musée. Le bâtiment, érigé sur un socle, offre des proportions précises et harmonieuses. La pièce centrale est un cube en verre, entouré de colonnes. Les salles d'exposition sont enfouies au soussol.

Nationalgalerie à Berlin

1971-1977

Centre Georges-Pompidou à Paris

Ce sont l'Italien Renzo Piano et le Britannique Richard Rogers qui construisent en plein cœur de Paris ce centre d'art très controversé. Le Centre est l'expression de la tendance qui surgit dans les années 70. Ses détracteurs qualifient d'« usine à gaz » ou de « raffinerie » ce musée audacieusement moderne consacré à l'art contemporain.

Centre Georges Pompidou à Paris

1984-1985

Le musée d'Orsay

Cette ancienne gare de voyageurs, située en plein centre de Paris au bord de la Seine, due à l'architecte Victor Laloux et inaugurée le 14 juillet 1900, est réaménagée en musée consacré aux œuvres de la seconde moitié du XIXe siècle. C'est donc naturellement que ce magnifique bâtiment est réhabilité par trois architectes, Renaud Bardon, Pierre Colboc et Jean-Paul Philippon. Depuis 1986, il abrite notamment certaines des plus belles toiles impressionnistes. L'immense verrière qui recouvrait les voies apporte un éclairage naturel sans égal.

Musée d'Orsay à Paris

1985-2000

Le Grand Louvre

Après sa rénovation confiée à l'architecte américain Ming Pei, le Grand Louvre est aujourd'hui un des plus grands musées du monde. Avec la fameuse pyramide de verre qui en marque l'entrée, il offre, par une succession de cours couvertes, de galeries et de salles, un ensemble unique au monde. Il est considéré comme un modèle d'intégration architecturale dans un ensemble historique vieux de huit siècles.

La cour Sully, musée du Louvre à Paris

Astérix et Obélix renvoient aux Français leur propre image

Les drôles de personnages imaginés par René Goscinny et Albert Uderzo se moquent avec humour du chauvinisme des Français et réinventent l'histoire de « nos ancêtres les Gaulois ». *Astérix* devient une des bandes dessinées les plus lues d'Europe.

« Nous sommes en 50 avant Jésus-Christ. La Gaule tout entière est occupée par les Romains... Toute ? Non ! Un village peuplé d'irréductibles Gaulois résiste encore et toujours à l'envahisseur. » L'introduction des différents volumes d'Astérix est depuis longtemps un classique. Les Gaulois, rendus invincibles par la potion magique de leur druide Panoramix, reflètent de manière satirique l'état d'esprit des Français. Râleurs, querelleurs, chauvins, ils n'en sont pas moins décrits avec bienveillance. Avec une virtuosité absolue, les auteurs ironisent à grand renfort de jeux de mots sur les petits défauts des Français, se réfèrent à des événements historiques et aux particularités des divers peuples des pays dans lesquels voyagent Astérix et son glouton compagnon Obélix, le tout émaillé de citations tirées des classiques latins. Ce mélange assure à *Astérix* un public dans toutes les catégories d'âge.

Les trois principaux héros d'*Astérix* : le druide Panoramix (à gauche), Astérix (en haut) et son inséparable ami Obélix

Astérix fait ses débuts le 29 octobre 1959 dans le premier numéro de *Pilote*, un magazine de bandes dessinées. Les créateurs sont Jean-Michel Charlier, René Goscinny et Albert Uderzo, professionnels dans ce domaine depuis plusieurs années déjà. En 1961 paraît le premier album, *Astérix le Gaulois* ; il se vend plutôt modestement, à 6 000 exemplaires. Le tirage du deuxième volume, l'année suivante, atteint déjà 20 000 exemplaires, et le troisième, en 1963, 40 000. Bientôt, le succès est si important que sur son numéro 300, *Pilote* ajoute en sous-titre *Le magazine d'Astérix et Obélix*. En 1966, le magazine *L'Express* consacre sa couverture au « phénomène Astérix », à la suite de quoi les ventes de *Pilote* augmentent de 20 %. L'année suivante, le tirage total des dix albums sortis jusqu'alors dépasse la barre du million d'exemplaires et, en 1987, *Astérix chez Rahazade* se vend à 2 millions d'exemplaires.

Ce succès est essentiellement le fait de l'humour brillant et décapant de René Goscinny, qui écrit les scénarios d'Astérix jusqu'à sa mort, en 1977. Parti aux États-Unis en 1945, il se forme aux studios Walt Disney, mais se rend à l'évidence : « L'Amérique ne m'a vraiment pas attendu. »

René Goscinny (à gauche), l'auteur des scénarios, et Albert Uderzo, l'illustrateur

Il rentre pourtant en Europe avec la ferme intention de gagner désormais sa vie avec les bandes dessinées, et crée *Dick Dicks*, série policière qui se passe à New York. Mais il s'aperçoit vite que le dessin n'est pas son fort et se concentre sur l'écriture. Il obtient un premier succès en 1955 en faisant les textes de *Lucky Luke*, dessiné par Morris, qui existe depuis déjà huit ans.

Uderzo commence quant à lui sa carrière en 1945, en tant qu'illustrateur intérimaire dans un studio de dessins animés, et collabore occasionnellement avec Goscinny à partir de 1952. Il maîtrise une impressionnante palette de styles, et contribue également, en dehors d'Astérix, aux aventures de Michel Tanguy pour *Pilote*, dessiné cette fois-ci avec un trait réaliste. Au bout de huit ans, il abandonne la série des *Chevaliers du ciel*, afin de pouvoir se consacrer entièrement aux habitants du petit village gaulois. À la mort de René Goscinny, Uderzo fonde les éditions Albert-René où il poursuit seul les aventures d'Astérix.

Les héros internationaux de BD après 1950

1950

Les *Peanuts*

Créés par Charles Monroe Schulz, les *Peanuts* sont considérés comme la première bande dessinée « intellectuelle ». Ses héros, Charlie Brown, petit garçon toujours malchanceux et conscient de l'être, Snoopy, son chien philosophe qui vit sur le toit de sa niche, Lucy, archétype de la femme américaine, et Linus, toujours accompagné de sa couverture, décrivent toutes les facettes de la vie américaine. Surtout appréciée par les adultes cultivés, cette BD a plus de 1 500 titres dans le monde.

Charlie Brown (à gauche) et Linus, les deux principaux héros des *Peanuts*

1962

Barbarella

Au début des années 60 en France, les bandes dessinées commencent à s'adresser exclusivement à un public adulte. En 1962, les aventures de l'astronaute Barbarella, créée par Jean-Claude Forest, font leur apparition dans *V Magazine*. Elle possède les qualités anatomiques de Brigitte Bardot et se contente de voyager dans l'univers à bord de son vaisseau en compagnie du robot Victor. Deux ans plus tard paraît un volume que la censure interdit aussitôt. En 1968, Roger Vadim porte Barbarella à l'écran, avec Jane Fonda dans le rôle principal.

Jane Fonda en Barbarella

1973

Les Frustrés

Claire Bretécher fait de la nouvelle génération de lecteurs de BD les héros de sa série *Les Frustrés*, publiée dans *Le Nouvel Observateur*. Elle dresse un portrait caustique des soixante-huitards et défend les idéaux politiques de la gauche.

1967

Corto Maltese

Le héros d'Hugo Pratt apparaît en 1967 dans un long récit, *La Ballade de la mer salée*. Personnage romantique par excellence, Corto Maltese emmène son lecteur dans des contrées lointaines et lui fait rencontrer des personnages hauts en couleur. On le retrouve dans de nombreux ouvrages où la réalité côtoie la fiction. Comme Tintin, Corto dépasse largement la bande dessinée. Il est l'archétype de l'aventurier.

Corto Maltese

Avec À *bout de souffle*, Jean-Luc Godard s'engage dans la Nouvelle Vague

Les débuts cinématographiques de Godard en 1959 marquent l'histoire du cinéma en lui apportant une de ses œuvres maîtresses. Le metteur en scène français se sert de son film comme d'un moyen expérimental pour renouveler le cinéma.

Avant ses débuts au cinéma à 29 ans, Jean-Luc Godard est célèbre pour la causticité de ses critiques cinématographiques. Avec Claude Chabrol, François Truffaut, Jacques Rivette et Éric Rohmer, il fustige l'inertie de l'industrie française du cinéma dans la revue spécialisée *Les Cahiers du cinéma,* référence de tous les passionnés du grand écran. En 1959, disposant d'un tout petit budget, Godard décide de transposer ses idées à l'écran.

À bout de souffle raconte l'histoire d'un jeune voleur de voitures, interprété par Jean-Paul Belmondo, qui tue un policier et prend la fuite. Son amie américaine – Jean Seberg – l'aide dans un premier temps à se cacher, puis le livre à la police. Lors d'un échange de coups de feu en pleine rue, il finit par trouver la mort.

Jean-Paul Belmondo et Jean Seberg dans *À bout de souffle* (1959)

L'histoire de deux amants voués à l'échec est on ne peut plus conventionnelle, contrairement au travail de Godard. Il s'inspire de la mesquinerie et de la médiocrité d'anciens films hollywoodiens et filme la caméra au poing, tandis que le cadreur Raoul Coutard suit l'action, la plupart du temps en chaise roulante. Godard tourne sur des lieux originaux et procède, au montage, à des coupes brutales dans chaque séquence. Le film gagne ainsi une dynamique jusqu'alors inconnue. Par ailleurs, Godard mise sur la spontanéité et l'improvisation, ne faisant pas apprendre leur texte aux acteurs, mais leur donnant les indications sur le tournage.

Belmondo est un acteur expérimenté qui a tenu des seconds rôles dans de nombreux films. Grâce à ce premier grand rôle, il devient une star internationale du jour au lendemain. Il incarne de façon convaincante la brutalité du petit voyou animé d'un enthousiasme romantique pour son héros Humphrey Bogart, engouement que partage Godard. Marlene Dietrich salue ainsi l'apparition de Belmondo sur la scène internationale : « Un sang nouveau, un visage nouveau, une vie nouvelle, un érotisme nouveau, une normalité nouvelle pour la bande névrotique des acteurs d'aujourd'hui. »

Le metteur en scène français Jean-Luc Godard

Belmondo trouve le parfait complément en l'actrice américaine Jean Seberg : ses manières de chatte, le côté fantasque avec lequel elle incarne la compagne d'un voyou et ses cheveux coupés courts évoquent la femme fatale des séries noires des années 40. Après avoir été impitoyablement critiquée à ses débuts dans le rôle principal de *Sainte Jeanne* d'Otto Preminger (1957), elle a vu sa carrière marquer un net ralentissement. La voici désormais réhabilitée.

À bout de souffle stimule la création cinématographique des années 60. Ce film est l'une des œuvres maîtresses de la Nouvelle Vague. Son savoir cinématographique encyclopédique permet à Godard d'intégrer tous les styles, de la tragédie au réalisme, en passant par la comédie et le mélodrame, et de l'agrémenter de citations tirées d'autres films et d'autres metteurs en scène qu'il connaît bien.

Les grands films de la nouvelle vague

1959

Les Quatre Cents Coups
Dans son premier long-métrage *Les Quatre Cents Coups*, François Truffaut raconte l'histoire d'un garçon incompris qui est placé en maison de correction. Truffaut veut attirer l'attention des spectateurs adultes sur leur responsabilité éducative et sociale.

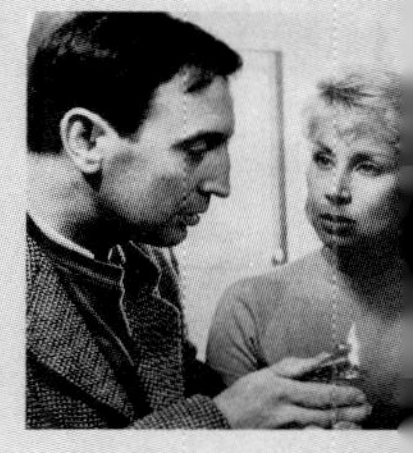

Une scène des *Quatre Cents Coups*

1959

Le Beau Serge
Claude Chabrol nous livre un portrait précis d'un oisif fortuné et névrotique. Son histoire se déroule au sein d'un groupe d'étudiants, dans un quartier universitaire parisien. Derrière la façade de nonchalance joueuse se cachent un ennui soigné et un violent dégoût de la vie. Une gravité funeste surgit subitement au détour d'un monde apparemment superficiel.

Jean-Claude Brialy et Gérard Blain dans *Le Beau Serge*

1959

Hiroshima, mon amour
Ce film franco-japonais en noir et blanc, mis en scène par Alain Resnais, d'après un livre de Marguerite Duras, raconte la brève histoire d'amour entre un architecte japonais et une actrice française. Leur bonheur à Hiroshima est sans cesse interrompu par le souvenir de la destruction de la ville le 6 août 1945 et par le drame de la jeune femme, rasée à la Libération pour avoir aimé un soldat allemand. Ce film d'une grande profondeur psychologique est une réflexion sur l'oubli et le refoulement du passé.

Emmanuelle Riva et Eiji Okada dans *Hiroshima, mon amour*

1959

Le Déjeuner sur l'herbe
Le metteur en scène français Jean Renoir présente dans son film un scientifique qui veut créer des élites humaines par fécondation artificielle. Lors d'un pique-nique, il succombe cependant, contre toute attente, à une jeune paysanne et à l'amour naturel. Cette satire vise l'intellectualisme éloigné de la réalité, ainsi que les dangers du progrès scientifique. Elle tire son caractère évocateur des descriptions émouvantes des paysages et de la nature dans le style des œuvres d'Auguste Renoir, le père du metteur en scène.

Une scène du *Déjeuner sur l'herbe*

Index vidéo – 1950-1959

Cet Index vidéo donne des informations sur le contenu de la cassette. Les indications de temps notées en face des séquences filmées, les légendes des photos, etc., facilitent les recherches dans la cassette. Le temps indiqué peut varier légèrement en fonction du magnétoscope utilisé. Le symbole **T**, situé à la fin des séquences, signale les sujets donnant lieu à une double page dans l'album.

Durée totale : 1 h 4' 46"

1950

4 janvier — Ben Gourion déclare Jérusalem capitale de l'État hébreu.

26 janvier — L'Inde indépendante rejoint les États souverains du Commonwealth.

12 février — La France adopte le SMIG, salaire minimum interprofessionnel garanti.

01 : 32	**La guerre de Corée T**

Soldats américains pendant la guerre de Corée

14 février — La Chine signe un accord d'amitié et de coopération avec l'URSS.

18 mars — À Stockholm, le Congrès mondial des partisans de la paix lance un appel contre les essais nucléaires américains.

1951

05 : 58	**Les héros de la BD T**

17 juillet — Gérard Philipe triomphe dans le rôle du Cid en Avignon.

septembre — Le traité de paix de San Francisco restitue au Japon sa souveraineté politique.

Le scooter séduit la jeunesse dorée.

1952

08 : 06	**Les jeux Olympiques de 1952 : Oslo et Helsinki T**

18 septembre — Charlie Chaplin, victime du maccarthysme, quitte les États-Unis. **T**

20 octobre — Au Kenya, les Mau-Mau se révoltent contre les colons. **T**

4 novembre — Le général Dwight D. Eisenhower bat largement son adversaire démocrate aux élections présidentielles américaines. **T**

11 : 05	**Atome : vers l'équilibre de la terreur T**

Explosion d'une bombe H

24 décembre — Alain Bombard réussit la première traversée de l'Atlantique en solitaire à bord d'un canot pneumatique. **T**

1953

13 janvier — Le maréchal Tito devient président de la République yougoslave.

janvier — La réforme agraire, qui met fin au régime féodal de la terre, se met en place non sans violence en Chine.

14 : 23	**La conquête des sommets T**

5 mars — La mort de Staline marque la fin d'une époque. **T**

4 mai — Le prix Pulitzer est décerné à Ernest Hemingway pour son livre *Le Vieil Homme et la mer.*

17 juin — À Berlin-Est, les travailleurs se révoltent contre la dégradation de leur niveau de vie.

17 : 00	**La reconstruction : le nouveau visage des villes T**

31 mars — Nikita Khrouchtchev succède à Staline au poste de premier secrétaire du parti communiste soviétique. **T**

12 septembre — Le jeune sénateur John Fitzgerald Kennedy prend pour épouse Jacqueline Bouvier.

novembre — Regroupés autour du papetier de Saint-Céré, Pierre Poujade, les petits commerçants et artisans s'en prennent aux « pourris » du Parlement.

19 : 21	**Le cinéma des années 50 T**

octobre — La première Cocotte-Minute fait sensation au Salon des arts ménagers.

18 novembre — Mickey souffle sa 25e bougie.

Le premier numéro du magazine *Playboy* sort en kiosque aux États-Unis.

1954

22 : 03	La guerre d'Indochine T

21 janvier — Le *Nautilus*, premier sous-marin atomique américain, prend la mer.
1er février — L'abbé Pierre lance sa campagne en faveur des sans-logis. T
8 mai — La Cour suprême américaine abolit la ségrégation raciale dans les écoles. T

24 : 41	Science et technique T

23 mai — Le prédicateur Billy Graham prononce son premier sermon.
17 juin — Le radical-socialiste Pierre Mendès France est appelé à la présidence du Conseil.
15 juillet — Le Boeing 707 sort des usines de Seattle. T

Le Boeing 707

27 : 04	Le maccarthysme T

25 septembre — Mao Zhé dong est élu président de la république populaire de Chine.
21 novembre — Accusé du meurtre de la famille Drummond, Gaston Dominici est condamné à mort.
Une équipe française gagne le record du monde de descente en spéléologie.

29 : 00	Repères

22 juin — À 27 ans, Elisabeth II devient la nouvelle reine d'Angleterre.

1955

12 avril — La conférence de Bandung inaugure le mouvement des pays non alignés. T
18 avril — Un nouveau vaccin est mis sur le marché pour lutter contre la poliomyélite.
avril — Suite aux actions terroristes du FLN, le gouvernement français décrète l'état d'urgence en Algérie. T

30 : 45	Art et culture T

mai — La Caravelle, de création française, démarre sa carrière de moyen courrier.
Le premier visiophone est présenté aux États-Unis.
29 septembre — Record de vitesse battu par la Société nationale des chemins de fer français.

33 : 49	Guerre froide : le système des alliances T

23 octobre — La Sarre est à nouveau rattachée à l'Allemagne. T
La princesse Margaret d'Angleterre renonce à son mariage avec le colonel Townsend.
Les usines Citroën lancent avec succès la DS à la suspension révolutionnaire.

1956

38 : 05	Les jeux Olympiques de Cortina d'Ampezzo, et de Melbourne T

Une vague de froid s'abat sur l'Europe.
20 mars — La France signe le protocole d'accord sur l'indépendance de la Tunisie.
19 avril — Mariage du siècle sur le Rocher : la star américaine Grace Kelly épouse le prince Rainier de Monaco. T

40 : 45	L'insurrection hongroise T

Char soviétique à Budapest

27 juillet — Le paquebot italien l'*Andrea Doria* fait naufrage au large des côtes américaines.
4 novembre — Dwight D. Eisenhower est réélu président des États-Unis. T
décembre — Les premiers *fast-foods* ouvrent leurs portes en Europe. T
15 décembre — Un scandale salue la sortie du film *Et Dieu créa la femme*, interprété par Brigitte Bardot. T

1957

23 janvier — Monaco fête la naissance de la princesse Caroline.
Les Turcs multiplient les attentats dans la zone grecque de Nicosie, capitale chypriote.

49 : 28	Styles de vie T

6 mars — Le Ghana est la première colonie d'Afrique noire à accéder à l'indépendance.
Aux États-Unis, le blizzard paralyse l'État du Kansas.

26 septembre — Une grande première, celle de *West Side Story* de Leonard Bernstein. T

Scène de *West Side Story*

52 : 03	**La construction européenne** T

1er octobre — Le scandale éclate. Au banc des accusés, la thalidomide, un produit mis sur le marché par la société Grünenthal. T

4 octobre — Le satellite *Spoutnik 1* réalise le premier vol orbital autour de la Terre. T

10 décembre — Albert Camus reçoit le prix Nobel de littérature.

1958

53 : 03	**La chanson des années 50** T

9 octobre — Le pape Pie XII est décédé. Jean XXIII lui succède à la tête du Saint-Siège. T

21 décembre — Le général de Gaulle est élu premier président de la Ve République. T

31 décembre — En France, patronat et syndicats se mettent d'accord sur la création d'un régime d'assurances chômage.

58 : 24	**La guerre d'Algérie** T

1959

La poupée Barbie entame sa carrière internationale.

Barbie et son mari Ken

21 décembre — Le chah d'Iran épouse en grande pompe Farah Diba.
La première Austin mini est lancée sur le marché.

1 : 00 : 05	**Fidel Castro et la révolution cubaine** T

L'écrivain francais Jean-Paul Sartre publie son roman *La Nausée*. T

1 : 03 : 03	**Réclames**

Le savon Monsavon.
Le lave-linge Brandt.

Index général

Crédits photographiques

Archiv für Kunst und Geschichte, Berlin : 49/5, 57/3, 67/3, 101/2,117/4 ; Bertelsmann lexikon Verlag, Gütersloh : 49/2, 52/1, 53/3, 105/2, 105/5, 105/6, 107/3, 114/1, 115/5, 137/5, Bettmann-Corbis, New York ; 12/3, 13/7, 14/1, 14/3, 15/6, 15/7, 18/4, 19/7, 20/2, 20/3, 21/5, 23/3, 23/5, 26/5, 33/3, 33/4, 41/3, 41/4, 45/5, 47/3, 49/3, 50/2, 54/2, 55/3, 55/5, 57/2, 61/3, 67/4, 69/3, 69/4, 75/6, 83/3, 84/1, 84/2, 87/2, 89/4, 89/5, 91/5, 101/3, 101/4, 102/2, 107/6, 110/1, 111/3, 115/2, 118/1, 118/2, 119/6, 120/1, 121/2, 124/1, 125/5, 130/1, - Reuters : 24/1, 25/5, 29/6, 51/6, 71/6, 78/1, 85/3, 85/5, 91/4, 111/6, 121/6, 133/6, 142/1 - Springer : 16/3, 41/5, 61/5, 70/2, 71/4, 102/1, 103/3 - UPI : 12/1, 12/2, 13/5, 13/6, 13/8, 14/2, 14/4, 15/5, 15/8, 16/1, 16/2, 16/4, 17/5, 17/7, 17/8, 18/1, 18/2, 18/3, 19/5, 19/6, 19/8, 20/1, 20/4, 21/7, 22/1, 22/2, 23/4, 23/6, 25/2, 25/3, 25/4, 26/1, 26/2, 26/3, 26/4, 26/6, 27/1, 28/1, 29/2, 29/3, 29/4, 29/5, 32/1, 32/2, 33/5, 34/2, 36/2, 37/3, 37/4, 37/5, 37/6, 38/1, 38/2, 39/3, 39/4, 39/5, 43/3, 44/1, 45/2, 45/3, 45/4, 45/6, 46/1, 46/2, 47/4, 47/5, 47/6, 48/1, 49/4, 49/6, 52/2, 53/4, 54/1, 55/4, 55/6, 56/1, 57/4, 57/5, 58/1, 59/2, 60/1, 61/6, 66/1, 67/2, 67/5, 67/6, 68/1, 68/2, 69/5, 69/6, 70/1, 71/3, 71/5, 72/1, 73/2, 73/3, 73/5, 74/1, 74/2, 75/3, 75/4, 75/5, 78/2, 79/3, 79/4, 79/5, 79/6, 82/1, 82/2, 83/4, 83/5, 85/4, 86/1, 88/1, 89/3, 90/1, 90/2, 91/3, 91/6, 94/1, 95/2, 95/3, 95/4, 95/5, 95/6, 98/1, 98/2, 99/3, 99/4, 99/6, 100/1, 101/5, 101/6, 103/4, 103/5, 103/6, 104/1, 106/1, 107/2, 107/4, 107/5, 111/2, 111/5, 112/1, 113/3, 113/4, 113/5, 113/6, 115/4, 115/6, 116/1, 117/2, 117/3, 119/3, 119/4, 119/5, 121/4, 122/1, 122/2, 123/3, 123/4, 123/5, 123/6, 125/4, 126/1, 127/2, 127/5, 127/6, 130/1, 130/2, 131/2, 131/3, 131/4, 131/5, 131/6, 134/1, 134/2 ; Cinetext Ulla Reimer GmbH, Francfort : 40/1, 41/6, 73/6, 87/3, 87/4, 87/5, 87/6, 89/2, 136/1, 137/3, 137/4 ; DeutschesTheater, Berlin -Theile : 60/2 ; dpa, Francfort : 34/1, 50/1, 61/4, 89/6, 117/6, 137/2, Horstmüller, Dusseldorf 21/8 ; Hulton Getty Picture Coll., London : 125/2 ; Keystone, Hambourg : 17/6 ; Museum fur Kunst handwerk, Francfort : 135/6 ; Neue National galerie, Berlin : 135/3 ; Dr Lothar Reinhacher, Kempten : 117/5 ; Pressebild-Argentur Schirner, Meerbusch : 12/4, 53/6, 105/4 ; Sipa Press, Paris : 57/6 ; Boccon-Gibod 131/5 - Cham 125/6 - Chapon 135/4 - Sichov : 127/4 - Sipahioglu : 111/4 - Stumpf 135/5 ; Süddeutscher Verlag, Munich : 21/6, 35/3, 35/4, 35/5, 35/6, 51/3, 59/3, 59/4, 59/5, 59/6, 99/5, 115/3, 121/5, 127/3 ; Ullstein Bilderdenst, Berlin : 51/4, 51/5 ; ZB, Berlin : 53/5, 105/3 ; Keystone : 21/2, 30/1, 30/2, 31/3, 31/4, 31/6, 51/4, 51/5, 122/1 ; M. Ichac-coll. Viollet : 28/1 ; Archives B. Chamoux, Sygma : 29/6 ; Rapho : 31/5 ; L'Illustration-Sygma : 51/1 ; Forrester-Sygma : 39/4 ; Sygma : 39/5, 65/5 ; D. Aubert-Sygma : 43/4 ; S. Smith-Sygma : 43/5 ; D.R. : 51/3 ; J. Pottier-Rapho : 51/4 ; E. Boubat-Rapho : 51/5 ; E. Hubert-Rapho : 51/6 ; Coll. Viollet : 64/1 ; Zalewski-Rapho : 65/2 ; Roger Viollet : 65/3 ; R. Doisneau-Rapho : 65/4, 129/3 ; E. Robert-Sygma : 65/6 ; T. Frank-Sygma : 91/6 ; Interphoto-Rapho : 129/4 ; Lipnitzki-Viollet : 129/5 ; EPGL © Pei/Ph. F. Le Guen-Sygma : 135/6 ; S. Bersant/Archipress : 10/1 Louis Monier-Gamma : 11/1.

Achevé d'imprimer par N.I.I.A.G.
en février 1999
pour le compte de France Loisirs, Paris

États souverains du monde en 1959

AMÉRIQUE DU NORD
Canada
États-Unis

AMÉRIQUE CENTRALE ET DU SUD
Argentine
Bolivie
Brésil
Chili
Colombie
Costa Rica
Cuba
Équateur
Guatemala
Haïti
Honduras
Mexique
Nicaragua
Panama
Paraguay
Pérou
République dominicaine
Salvador
Uruguay
Venezuela

EUROPE
Albanie (Alb)
Andorre (An.)
Autriche (A)
Belgique (B)
Bulgarie
Danemark
Espagne
Finlande
France
Grande-Bretagne et Irlande du Nord
Grèce
Hongrie
Irlande
Islande
Italie
Liechtenstein (L)
Luxembourg (Lux)
Monaco (Mo.)
Norvège
Pays-Bas (PB)
Pologne
Portugal
République démocratique allemande (RDA)
République fédérale d'Allemagne (RFA)
Roumanie
Saint-Marin (S)
Suède